W0034208

Constanze Lindner

Mit Shirley Michaela Seul

Miss Verständnis

**Wie Frau den Durchblick behält,
auch wenn es im Leben mal moppelt**

Besuchen Sie uns im Internet:
www.knaur.de

Aus Verantwortung für die Umwelt hat sich die Verlagsgruppe
Droemer Knaur zu einer nachhaltigen Buchproduktion verpflichtet.
Der bewusste Umgang mit unseren Ressourcen, der Schutz unseres Klimas
und der Natur gehören zu unseren obersten Unternehmenszielen.
Gemeinsam mit unseren Partnern und Lieferanten setzen wir uns für
eine klimaneutrale Buchproduktion ein, die den Erwerb von Klimazertifikaten
zur Kompensation des CO_2-Ausstoßes einschließt.
Weitere Informationen finden Sie unter: www.klimaneutralerverlag.de

Originalausgabe Februar 2022
Knaur Verlag
© 2022 Knaur Verlag
Ein Imprint der Verlagsgruppe
Droemer Knaur GmbH & Co. KG, München
Alle Rechte vorbehalten. Das Werk darf – auch teilweise – nur mit
Genehmigung des Verlags wiedergegeben werden.
Redaktion: Ulrike Strerath-Bolz
Covergestaltung: ZERO Werbeagentur, München
Coverabbildung: Martina Bogdahn
Satz: Adobe InDesign im Verlag
Druck und Bindung: GGP Media GmbH, Pößneck
Printed in Germany
ISBN 978-3-426-79136-3

2   4   5   3

Für Katja

Inhalt

Schön, dass du da bist!
11

Die drei doofen Ds: dick, dünn, Diät
Es ist ein Missverständnis, zu glauben:
Ich bin nur schön und liebenswert, wenn ich dünn bin.
17

Wenn Leidenschaft Leiden schafft
Es ist ein Missverständnis, zu glauben,
dass wir in einer Beziehung alles gemeinsam
machen müssen.
56

Pippi Langstrumpf zu Besuch
bei Marie Kondo

Es ist ein Missverständnis, zu glauben,
dass man haben muss, was alle haben.

82

Auf den Hund gekommen

Es ist ein Missverständnis, zu glauben,
ohne eigene Kinder könne man nicht glücklich werden.

96

Am Scheitelweg

Es ist ein Missverständnis, zu glauben,
ab vierzig müsse frau unters Messer.

108

Geld ist Männersache?

Es ist ein Missverständnis, zu glauben,
dass Frauen nicht mit Geld umgehen können.

137

Männer machen keine Fehler

Es ist ein Missverständnis, zu glauben,
dass Frauen Männer brauchen,
um Entscheidungen zu treffen.

152

Der MO und das OM

Es ist ein Missverständnis, zu glauben,
dass das, was allen guttut,
auch einem selbst guttut.

168

Sex und so

Es ist ein Missverständnis, sein Glück von der Häufigkeit
von Sex abhängig zu machen.

192

Es steht in den Sternen

Es ist ein Missverständnis, zu glauben,
dass wir unser Glück nur im Fernen Osten, im nächsten Leben
oder im Kaffeesatz finden und andere Leute am besten wissen,
was gut für uns ist.

200

Das dicke Ende

Dank

Schön, dass du da bist!

Vielleicht kennst du mich schon. Ich kenne dich noch nicht. Und ich freue mich auf dich! Wie schön, dass wir jetzt mal ein bisschen Zeit miteinander verbringen. Ich wünsche mir, dass du dich in meinem Buch rundum wohlfühlst. Falls du mich von der Bühne kennst, hast du hier den Vorteil, dass du nicht auf einem meistens harten Stuhl sitzen musst. Du kannst es dir so richtig bequem machen. Auch wenn wir ein paar Missverständnisse klären werden. Was mich betrifft, habe ich bei manchen ziemlich lange gebraucht, bis ich sie kapiert habe. Denn einige der Missverständnisse sind recht gut versteckt tief in uns drin. Wir denken vielleicht gar nicht darüber nach, warum manches so ist, wie es ist. Aber in Wirklichkeit ist es ganz anders! Zum Beispiel, dass ich mich mögen darf, auch wenn ich nicht dünn bin, oder: Warum sich auf die Jagd nach dem reichen Mann machen, wenn selber reich sein auch Spaß bringt? Warum an Horoskope glauben statt an mich selbst? Ich habe eine Weile gebraucht, bis ich es verinnerlicht habe, aber es ist wahr, Ladys: Wir sind wundervoll! Das will ich dir mit diesem Buch auf unterhaltsame und inspirierende Art zeigen. Und mit viel Humor, na klar. Denn was wir mit einem Lachen erkennen, haben wir wirklich kapiert.

Jahrelang habe ich gedacht, wenn ich dünner wäre, wäre ich glücklicher; wenn ich andere Beine hätte, stünde mir nichts mehr im Weg; wenn mein Freund einfühlsamer wäre, wäre alles in Butter; und wenn ich Kinder hätte, dann wäre ich im Frühstückscerealien-Glück angekommen …

Oder sind die Falten neben der Nase schuld? Es kommt ja ständig was Neues in Mode. Also, wenn die Falten an der Nase weg wären, dann, ja dann! Sie heißen übrigens Nasolabialfalten. Woher ich das weiß? Von einem Schönheitschirurgen. Spricht man, wie man sie schreibt. Na so la bi al fal ten, logisch: Na, so ein labiler Bereich im Gesicht, also das Gegenteil von stabil! Und das brauchen wir dringend, wenn wir älter werden: Stabilität im Gesicht und am Gesäß.

Den Schönheitschirurgen hat mir meine Freundin empfohlen. *Stanzi,* sagte sie, *es wird höchste Zeit, sonst siehst du bald so alt aus, wie du bist.*

Und schon ein paar Tage später strahlte er mich an, ganz in Weiß, und schlug vor: »Wir können gleich anfangen.«

Was für ein entsetzliches Missverständnis! Ich wollte doch von innen heraus schön werden, nicht von außen nach innen geschnitten! Der Chirurg deutete auf ein spiegelblankes Edelstahltischchen, gedeckt mit Spritzen auf einem grünen Tuch und Tupfer statt Serviette. »Äh, ich möchte eigentlich nur einen Beratungstermin«, stammelte ich. Nur mal an der Schönheit schnuppern. Wie so oft. Wie … eigentlich schon immer. Moment – stopp! – was ist hier los?

Es traf mich wie ein Blitz, ich sprang auf, nix wie raus aus der Praxis. »Danke für den Schnupperkurs.« Kann sein, es sah nach Flucht aus.

Verrückt war bloß, dass ich gar nicht weggelaufen bin, sondern angekommen. Bei mir selbst. Und bei dir, liebe Leserin: Schön, dass du da bist!

Hast du es dir, genauso wie ich, schon mal schwerer gemacht, als es sein müsste, weil du gedacht hast wie ich: Wenn ich schöner bin, dann wird alles anders. Stimmt das wirklich?, frage ich mich jetzt, wo ich »alt und weise« bin. Also mit vierzig. War das früher nicht alles ein riesengroßes Missverständnis?

Es war nämlich so: Als die liebe Göttin die Welt erschuf, hatte sie ein wenig Nagellack auf die Tastatur gekleckert. Wegen diesem Nagellack klebte dummerweise die Leertaste, und sie konnte keinen Abstand zwischen Miss und Verständnis setzen, und so entstand das große Missverständnis.

Wir Frauen denken immer, dass wir Verständnis haben müssten für alles. Und alle Erwartungen an uns erfüllen und Gefallen erledigen, noch ehe wir darum gebeten wurden. »Ich mach das schon« und andere bedienen und natürlich immer alles richtig machen, idealerweise perfekt sein, immer fröhlich bleiben, sogar wenn man sich selbst ganz und gar nicht mag. Immer stand ein *Wenn* vor meinem Glück. Glaubte ich zumindest.

Schluss damit! Ich will auf kein *Wenn-Dann* mehr warten! Ich bin richtig, genau so, wie ich bin. Und deswegen mag ich mich jetzt auch lieber. Ja, es ist fast so, als wäre ich mir auf dem Weg vom Missverständnis zur Miss Verständnis eine gute Freundin geworden ... vielleicht sogar die beste ...

Und das wünsche ich euch allen, meinen lieben Leserinnen, auch von Herzen! Denn viel zu viele Missverständnisse pflastern das Leben einer Frau. Ladys, ich würde sagen, die meisten von uns sind ziemlich gut im Aufräumen von Zeugs, das andere rumliegen lassen. In den folgenden Kapiteln räumen wir also mal gründlich auf, und zwar dort, wo es am wichtigsten ist: in uns drin. Denn wenn wir das nicht selbst in die Hand nehmen: Wer sollte es sonst tun? Und würden wir da überhaupt noch was finden oder hätten wir uns dann selbst verlegt? Auf wen können wir uns absolut und total und immer verlassen, wenn nicht auf uns selbst?

Also hören wir auf, uns selbst zu verlassen, wenn wir mal wieder herummäkeln an uns. Wir haben wirklich Besseres zu tun, zumal wir doch ganz tief drin in uns wissen: Wir sind gerade wegen unseren Ecken und Kanten sprich Pölsterchen und Kurven oder Macken und Zicken liebenswert und unverwechselbar. Stell dir mal vor, du wärst wie alle. Da würde man dich doch gar nicht mehr erkennen und wiederfinden, wenn du aus Versehen mal verloren gegangen wärst!

Das hat übrigens auch die Nasolabialfalte gemerkt, denn seither ist sie fast weg, kein Witz! Ich schaue in den Spiegel und sehe sie gar nicht mehr. Über Nacht bin ich jünger geworden oder altersweitsichtig, egal, was es ist: Ich betrachte mich jetzt liebevoll und wertschätzend, nicht mehr überkritisch oder herabsetzend.

Wichtig ist, was wir selbst fühlen, und nicht das, was wir glauben, dass andere denken, dass wir fühlen sollten oder wie wir sein sollten. Das ist die nackte Wahrheit und die ganze sowieso. Niemand kann uns sagen, welche Rollen wir spielen sollen. Und damit kenne ich mich als Schauspielerin wirklich aus. Ich liebe es, in verschiedene Rollen zu schlüpfen. Aber irgendwann muss auch mal Pause sein. Nämlich jetzt. Auf den folgenden Seiten spricht keine Figur meines Typenkabaretts, wie sie sonst aus mir heraussprudeln, keine schräge Cordula Brödke, keine Turbooma, keine männermordende Victoria Witchbope, keine Fitnesstrainerin und keine Managerin. Hier ist Constanze Lindner pur, echt, hundert Prozent.

Wer mich kennt, weiß, dass ich wahnsinnig gerne Menschen umarme, sogar wildfremde. Deswegen gab es früher einen Besuch in meiner Vorstellung auch auf Rezept – zur Verhaltenstherapie, glaub ich. Oder so ähnlich. Jedenfalls war es

was mit Halten, und ich habe alle immer ganz, ganz festge-
halten und feste gedrückt. Jetzt gerade, während ich das
schreibe, ist das leider nicht möglich. Also nicht so richtig.
Aber ich tu's trotzdem. Ganz, ganz fest. Spürst du's?

Willkommen in meinem Buch!
Deine
Constanze Lindner

PS: Drücken ist so schön! Willst du auch mal? Dann leg deine rechte Hand auf deine linke Schulter und deine linke
Hand an deine rechte Taille. Trau dich und hab dich mal so
richtig lieb! Denn … wenn, ja wenn, und dieses Wenn ist erlaubt: Wenn es dich nicht gäbe … dann würden 60, 70, 80, 90,
100, 110, 120, 130, 140, 150 Kilo (weiter zählt meine Waage
nicht!) Wunder auf unserer Welt fehlen, und jetzt gerade
braucht sie jedes einzelne Gramm.

Die drei doofen Ds: dick, dünn, Diät

**Es ist ein Missverständnis, zu glauben:
Ich bin nur schön und liebenswert,
wenn ich dünn bin.**

Sonst würde ich mich selber überhaupt nicht mögen ... weil ... also ich und dünn, das ist ungefähr so, als würde Bruno Opel, das ist mein Mops, an einem Windhunderennen teilnehmen.

Meine Geschichte mit den drei doofen Ds ist eine never ending Story. Aber im Laufe der Zeit habe ich gemerkt, dass ich einigen Missverständnissen aufge*sessen* bin, kein Wunder, steckt da doch schon das Essen drin. Und das setzt sich auf beziehungsweise ab – an den Problemzonen. Wie es so schön heißt: Eine Sekunde auf den Lippen, ein Leben auf den Rippen. Und dann fühlte ich mich gar nicht mehr gut mit mir.

Aber das kommt nur noch sehr selten vor. Denn Miss Verständnis hat das Missverständnis durchschaut. Nach vielen Irrungen und Wirrungen! Ist es nicht verrückt, Ladys, dass uns das Thema Diät oft durchs ganze Leben begleitet? Das macht nicht mal halt in der Menopause, da wird es bei manchen sogar richtig schlimm, habe ich mir sagen lassen, weil dann ja schon eine halbe Sekunde reicht, damit etwas auf den Rippen landet.

Aber da stimmt doch irgendwas nicht, so was hätte uns die liebe Göttin niemals angetan! Sie ist eine Frau, ein Schöngeist mit Sinn für Ästhetik und Form, sie macht keine Fehler! Womöglich liegt also der Fehler in der menschlichen Interpretation unserer von der Natur gegebenen Schönheit. Vermutlich fehlt uns die Fähigkeit, unsere Vollkommenheit wirklich wahrzunehmen. Uns selbst bedingungslos anzunehmen ... Alles andere würde ja bedeuten, dass die liebe Göttin gepfuscht hätte, und sorry, das kann ich mir nicht vorstellen, obwohl ich mir echt viel vorstellen kann, sogar Marmelade auf Leberwurst.

Me and BiggerMe

Wie konnte es sein, dass alle anderen Mädchen in meiner Klasse Cinderellas und Schneewittchens waren und ich der Meereshexe Ursula aus Arielle ähnlicher sah als sie selbst? So fühlte es sich damals wenigstens an.

Wenn ich heute Fotos aus meiner Schulzeit betrachte, kann ich keine Meerhexe erkennen. Ich war ein völlig normales, süßes, freches und, okay, ziemlich lautes Mädchen. Trotzdem war ich sooooo unglücklich! Ich mochte mich nicht. Vor allem nicht meine Beine! Ich glaube, ich war die einzige Dreizehnjährige auf der Welt, die Cellulite hatte. Diese Beine, das sind doch keine Beine, das sind Pfosten! Mit denen konnte man die Jungs vielleicht als Fußballtor beeindrucken, aber das war's dann auch schon. Röcke? Undenkbar. Mit der Clique ins Schwimmbad? Hilfe!!! Während die anderen nach der Schule im Freibad sich einfach die Klamotten vom Leib rissen und ins Wasser hüpften, war schon das Ausziehen bei mir ein total komplizierter Akt. Würde man diesem Vorgang einen Titel geben, dann »TSTS – The Sad Towel Show«. Motsi Mabuse hätte mir für meinen Handtuchkokontanz zehn Punkte zugesprochen, aus purem Mitleid.

Da stand ich nun, ich trauriger Teenager, endlich in den Badeanzug gepresst, auf dem immer noch mein Seepferdchen glänzte, mein ganzer Stolz. Würde es mir helfen können? Los ging's! Mit einer Hand vorm Kinn, mit der anderen das geschickt um meine Hüften gewickelte Handtuch haltend von Schattenfleck zu Schattenfleck Richtung Becken tänzeln. Denn – merke! Und das geht alle mit Dellen an: Sonnenlicht von oben schmeichelt der Cellulite nicht, vielmehr macht sie aus Dellen Krater.

Ich habe die Sommer gehasst, ich war ein Herbst-, Winter-, Frühlingskind. Und bei den Jungs die Kameradin, mit der man Pferde stehlen konnte. Bester Kumpel mit dem Spitznamen Mopsi. Den habe ich mir selbst gegeben. Da wusste ich noch gar nicht, dass ich mich einmal total vermopsen würde, zuerst in Paul Porsche, jetzt in Bruno Opel. Ich war kräftig und gar nicht dick, aber ich habe es mir so lange eingeredet, bis es Wahrheit wurde. Weil man sich alles einreden kann, und dann wird es wahr. Das ist die Wahrheit!

Frage an mich selbst:
Was genau will ich mir einreden?
Was soll wahr werden?

Aus meinen Selbstzweifeln wurde letztlich mein BiggerMe geboren. Aber ich hab da irgendwas falsch verstanden, denn BiggerMe wär ja super, wenn es um Selbstbewusstsein, Ausstrahlung und solche Sachen ginge. Aber mein BiggerMe schlug bloß auf der Waage zu B(a)uche. Also war die Gegenwart schon mal gelaufen, und ich konzentrierte mich auf die Zukunft, in der ich dann, dann, *dann* hoffentlich dünn sein würde, damit ich dazugehören würde und alle mich toll fänden und lieb hätten, vor allem ich selbst. Harte Zeiten, Ladys, denn damals gab es noch keine optischen Filter wie heute. Man sah tatsächlich so aus, wie man aussah. Und ich spreche hier nicht von chirurgischen Eingriffen, WonderBras, Silikonkissen, Sugar Waxing, Microdermabrasion und Konsorten, sondern von den schrecklichen Beweisstücken aus der Antike: Fotografien! Weil es noch kein Zauberpad gab. Eins, zwei, drei mit Photoshop gewuppt, faltenfrei ruck, zuck. Eins, zwei, drei, ein kleiner Klick, und schon bist du nicht mehr dick!

Ich habe leider kein Foto für dich

Meine Freundin Ninni und ich fühlten uns großartig. Mehrere Stunden hatten wir uns an- und abgeschminkt und waren endlich vollständig zufrieden. Zudem hatten wir ziemlich lange den coolen Blick geübt, mit dem wir den Türsteher vom total angesagten Club davon überzeugen wollten, dass wir, genau wir und nur wir da reingehörten, sexy, jung und wild, auch wenn wir niemanden »in« kannten und, was noch schlimmer war, niemand uns kannte. Aber genau deshalb wollten wir ja rein. Unseren unglaublich coolen Blick wollten wir davor für die Ewigkeit bannen. Am Sendlinger Tor gab es einen Fotofix-Kasten. Vier Fotos für fünf Mark. Zusammengeschmissen hatten wir fünfundzwanzig Mark, zwanzig würden genügen für einen schönen Abend im Club.

Wir quetschten uns in die Kabine, drehten den quietschenden Hocker hoch und platzierten uns vor der verschmierten Glasscheibe. Ninni warf ein Fünfmarkstück ein. Wir waren guter Dinge, die Welt stand uns offen, nicht nur die Welt, auch der Türsteher würde sofort beiseitetreten und uns Einlass gewähren.

Zehn Minuten später spuckte der Automat die Fotos aus. Wir blickten einer vierfachen Katastrophe ins Antlitz. Es war uns beiden klar, dass wir das so nicht stehen lassen konnten. Mit fünfzehn Mark würden wir auch einen schönen Abend haben. Also auf zum zweiten Versuch. Bei dem Ninni, wenn sie beide Augen zukniff, einigermaßen zufrieden sein konnte, doch ich hatte die Augen schon zuvor zugekniffen. Wir waren Freundinnen. Wir ließen uns nicht im Stich und … aller guten Dinge sind drei, vier, fünf, und wieder verschwanden fünf Mark im Schlund des Automaten.

Bei Ninni waren es die Nasenflügel. Sie hatte sie zusammengezogen, um arrogant zu wirken, und sah aus, als würde sie verzweifelt nach Luft schnappen. Bei mir war es die Lippe, genauer die Oberlippe. Eigentlich sah ich aus wie Bruno Opel, wenn er vor zwölf Uhr mittags das Haus verlassen soll. Die volle Schmolllippe, wie immer, wenn er beleidigt ist. Okay, man könnte auch sagen, ich war meiner Zeit voraus, indem ich meine Oberlippe mithilfe der Zunge aufplusterte. Früher hat man ja auch noch mit der Hand gewaschen. Heute gibt es Waschmaschinen und Lippenunterspritzungen.

Aber auch damals hätte es schon Hausmittelchen gegeben, die Natur ist ja sowieso die beste Apotheke. Zum Beispiel, spar dir den Chirurgen: Pfeffer in Vaseline mischen und auf die Lippe wischen. Aber pass bloß auf, dass du den Finger dann nicht ins Auge kriegst, sonst ist zwar der Mund perfekt, aber beim Augen-Make-up kannst du von vorne anfangen. Und natürlich würde jeder Drink ätzend schmecken, aber für den bräuchte man Geld, das nun leider Fotofix komplett eingesackt hatte. Wir besaßen dafür zwanzig Fotos, die bewiesen, dass wir weder in den Club noch ins Finale bei Heidi gekommen wären.

Ich stelle mir vor, wie das wohl weitergegangen wäre. Wir würden heute noch im Fotofix-Kasten posieren. Denn wir hätten niemals aufgegeben. Jahre vergingen, überall in Deutschland wurden die Fotokabinen abgebaut, nur nicht am Sendlinger Tor in München. Denn immer, wenn die Monteure anrückten, war die Kabine besetzt, und man will ja nicht stören. Bald wurde das Durchhaltevermögen der vier Beine, die das Publikum hinter dem kniehohen taubengrauen Trennvorhang zu sehen bekam, honoriert. Es wurden Gaben vor die Kabine gestellt, Fünfmarkstücke, aber meistens Früchte, und nachts, wenn es dunkel war, schnappten wir uns die, womit wir quasi die Obstdiät und das Intervallfasten erfanden, aber das ist eine andere Geschichte. Wir konnten jedenfalls ewig lange nicht raus, weil wir kein einziges Foto kriegten, auf dem wir uns gefielen.

Heidi war ja damals noch mit sich selbst statt dem Nachwuchs beschäftigt, sonst hätte sie uns bestimmt befreit. So gingen die Jahre ins Land, und auf einmal waren wir sowieso im falschen Film, um ein Foto zu kriegen, und eines Tages wurde die Kabine tatsächlich – unter massiven Protesten der Bevölkerung, vielleicht erinnern Sie sich daran – entfernt, weil ein Handyshop eröffnete und danach alle Leute auf Fotos genauso aussahen, wie sie wollten. Nur ich nicht.

Ist es nicht verrückt, dass einen manche Dinge so lange beschäftigen? Ich glaube, was das Thema Schönheit und Diät betrifft, sind viele von uns zu lebenslänglich verurteilt. Was heißt hier: sind verurteilt. Das haben wir selbst gemacht, dieser Tatsache sollten wir jetzt mal ins Auge sehen, Ladys. Wir haben uns zu Wasser und Brot verdonnert, okay, Brot, ganz schlecht, Kohlenhydrate und so. Eher zu Wasser und Chiasamen. Wir haben das Gesetz aber auch gebrochen mit Schwarzwälder und Kirsch. Und waren doch auf Bewährung draußen, das kam noch obendrauf. Irgendwann reicht's aber auch mal! Bei mir hat es wie gesagt sehr lange gedauert, aber ich habe in der Schule auch mal ne Ehrenrunde gedreht, will heißen, ich bin das Sitzenbleiben gewöhnt. Und du, das ist total süß von dir, dass du jetzt bei mir bleibst und mir beim Aussitzen ein bisschen Gesellschaft leistest!

Scherereien

»Ach, die passt schon!«, sagte ich, während ich mir die Hose vor den Körper hielt und mich zuversichtlich im Spiegel musterte. Mit leicht gequältem Blick legte die Verkäuferin sanft ein Veto ein. »Wollen Sie sie nicht vielleicht doch kurz anprobieren?«

Leicht irritiert fragte ich mich, warum sie das sagte. Was wusste sie, was ich nicht wusste? Womöglich hatte sie gesehen, dass rechts und links der Hose mein Körper aus dem Spiegel quoll? Jetzt sah ich es auch! Aber das war ja wohl meine Sache, und wenn ich was will, dann schaffe ich das. Ich konnte meinen Bauch einziehen, als würde ich für die Apnoe-Weltmeisterschaft trainieren.

»Die Hose nehm ich«, beschloss ich und fügte hinzu: »Die passt wie angegossen.«

»Wie Sie meinen«, erwiderte die Verkäuferin, gar nicht eingeschnappt, eher mitfühlend. Und mit dem gleichen mitfühlenden Blick schauten mir meine Schwestern zu Hause dabei zu, wie ich versuchte, mich in allen möglichen Stellungen in diese Hose zu drücken, zu pressen, zu schieben, zu quetschen. Schweißgebadet standen sie um mich, zogen nach oben, ich selbst tomatenrot im Gesicht, es war ein verdammt weiter Weg gewesen, die Hose überhaupt bis zu den

Knien zu zwingen. Und der größere Teil der Strecke lag noch vor mir! So ein bockiges Teil aber auch. Wir zählten gemeinsam: Eins, zwei, drei … Ratsch.

Eine Arterienverletzung könnte man nicht besser abbinden als ich mich selbst. Die gerissene Hose schnürte mir das Blut in den Oberschenkeln ab. Sie liefen bereits blau an. Mir schwante, dass das Absterben keine gute Methode wäre, sie zu verdünnisieren. Meine Schwestern rissen Schubladen aus Schränken auf der Suche nach einer Schere. Endlich fanden sie eine und retteten mich in allerletzter Sekunde, indem sie mir die Hose vom Leib schnitten. Als ich wieder atmen konnte, sagte eine meiner Schwestern: »Die musst du umtauschen.«

Ja, das fand ich auch … Aber …

Aber das, was ich eigentlich hätte umtauschen wollen, war vom Umtausch ausgeschlossen: meine Beine.

In den folgenden Jahren verübte ich weitere Attentate auf sie. Da gab es die Technohosen Anfang der 1990er-Jahre, Latzhosen aus festem Jeansstoff. Ich übertreibe nicht, wenn ich behaupte, dass ich an einer fast gestorben wäre. Ich wollte meine Taille, die ganz sicher irgendwo unter all dem Stoff zu finden war, mit einem Gürtel betonen. In dem Magazin *Mädchen* stand, sonst hätte der hippe Style keinen Sinn, und auf der Suche nach dem Sinn war ich ja. Also legte ich mir einen Armeegürtel mit Klickschnallen-System zu.

Zum Schließen: Bauch einziehen, Gürtel umlegen, zuklicken.

Zum Öffnen: Bauch noch weiter einziehen, Gürtelschnalle noch mehr in den Bauch drücken, dann öffnen. Leider klappte das nicht mehr, da ich den Bauch bereits zum Schließen viel zu weit eingezogen hatte. Ich bekam, kaum mehr atmend, auch kaum mehr Luft. Hätte meine Mutter im

Nebenzimmer nicht mein verzweifeltes Röcheln und meine Hilferufe gehört und mich mit der Küchenschere befreit, könnte ich euch das heute gar nicht erzählen. Aber ihr würdet euch vielleicht an die Zeitungsnotiz über das tragische Ende des Teenagers Constanze L. aus M. erinnern. Bin ich froh, dass es nicht so weit gekommen ist! Ich wäre auch noch schuld daran gewesen, dass die Gürtelfirma Pleite gemacht hätte. All die Menschen, die ihre Arbeitsplätze verloren hätten!

Ich hatte schon immer viel Mitleid,
aber vor allem mit allen anderen
und nie mit mir selbst.

Auch wieder eines von den grundsätzlichen Missverständnissen. Das mit dem Mitleid war dann aber nicht mehr nötig, weil die Stretchhosen erfunden wurden. Ich erinnere mich an keinen Trend, den ich so sehr gefeiert habe. Leider wurde er vom Marlene-Dietrich-Look abgelöst, der aber zum Glück nicht allzu lange im Scheinwerferlicht der Laterne stand und von der Baggy verdrängt wurde. Jetzt konnte ich wieder entspannen.

Aber ich habe aus meinen Fehlern gelernt: Seit dreißig Jahren trage ich grundsätzlich immer eine Sicherheitsschere bei mir. Wenn ich mir eine Handtasche zulege, interessiert mich als Erstes, ob die Schere darin gut aufgehoben ist. Seitdem wir Bühnenkünstler ausgebremst wurden, habe ich die Schere zweckentfremdet. Sie ist kein OP-Besteck für Hosen mehr, sondern ich nutze sie beim Basteln oder in der Küche.

Habe ich schon erwähnt, dass ich sehr gern koche? Was man gern tut, davon kann man nicht genug kriegen. Ich kochte also stets mindestens das Doppelte. Und natürlich wird alles aufgegessen, das weiß jedes Kind: Wegen dem

Wetter. Iss schön auf, damit wir morgen schönes Wetter kriegen. Haben wir aber nicht gekriegt, sondern Klimawandel! Also, ich finde, das war ganz schön viel Verantwortung für schmale Kinderschultern und kleine Kindermägen, den ganzen Planeten retten zu sollen. Und man hätte vielleicht erst mal klären müssen, was schönes Wetter überhaupt ist. Da gehen die Meinungen ja scherenweit auseinander.

Die neuen Kinder an der Macht müssen ihre Teller nicht mehr leer essen, egal ob in Bochum, Berlin oder Bayern, aber ob Petrus das mitkriegt … Er ist ja nun auch schon ganz schön alt und sieht vielleicht nicht mehr so gut da oben im Himmel?

Das vierte D

»Ich bin so was von high«, brachte ich noch heraus, bevor ich ganz low, nämlich in die Knie ging und mich in den Blumentopf im Treppenhaus übergeben musste. Schwanger? Nein, ein neuer Versuch, den Umfang meiner Schenkel zu halbieren. Meine Tage bestanden suboptimalerweise aus wenig essen, idealerweise aus noch weniger essen oder am besten: gar nichts essen. Dabei gab es allerdings ein ESSENzielles Problem: Ich liebe Essen. Und ich schien es auch zu brauchen, wollte ich die fünf Stockwerke in meine WG schaffen. Frauen, und das ist wieder einmal ein Missverständnis, sind hart im Nehmen. Ja schon, aber Essen ist doch Nehmen!

Ladys, das wissen wir im tiefsten Herzen alle. In Wirklichkeit sind wir Heldinnen, nur aus unserer überströmenden Güte heraus überlassen wir den Männern dieses Wort. Wenn sie mal einen Schnupfen haben, tun wir so, als hätten sie eine schwere Schussverletzung, und schleppen uns – ohne zu klagen auch bei einer Lungenentzündung dritten Grades – in die Apotheke, um ein Nasenspray für unseren Liebsten zu holen. Nicht dass das Näschen schlappmacht … Wo war ich stehen geblieben? Ach ja, in der Apotheke. Dort gab es seinerzeit das vierte D. Eine Freundin brachte das brandneue Wundermittel, allerdings aus den USA, mit und reichte es mir mit geheimnisvollem Augenaufschlag.

»X-112?«, las ich. Mein Chemielehrer fiel mir ein. Wir hatten gelegentlich vermutet, dass er den Unterricht in seinem privaten Meth-Labor im Keller fortführte. Auch optisch wäre er in *Breaking Bad* eine Top-Besetzung für Walter White gewesen. Meine Erinnerung passte nicht zu dem begeisterten Blick meiner Freundin, die sich jetzt vor mir auch noch im Kreis drehte.

»Und?«, wollte sie wissen. »Fällt dir was auf?«

Jetzt sah ich es auch.

»Fünf Kilo!«, jauchzte sie.

»Wie hast du das geschafft?«, stammelte ich schockiert. Wieder eine Leidensgenossin verloren. Ganz am Ende würde nur ich übrig bleiben. Auf meinen XXXXXXXL-Beinen.

»Mit X-112!«, trällerte sie. Ich war völlig irritiert. Hatte ich was verpasst, drehten wir hier einen Werbespot?

Eine Woche später hatte ich schon zwei Kilo los und war ebenfalls voll drauf. Ich verstieg mich sogar zu einer Kampfansage: »Alle Models dieser Welt, zieht euch warm an, jetzt komme ich!« Ein nicht mal 157 cm großes BiggerMe, das mit drei Pillen täglich zum ThinnerMe schrumpfte. Schlank, straff, schön. Für immer.

Gut, Anfang zwanzig ist man sowieso unsterblich. Und der Körper verträgt alles, sogar Diätpillen, die nicht in Deutschland zugelassen sind. Ois easy. Drei Stück aus dem Blister drücken und vorzugsweise mit viel schwarzem Kaffee im Magen versenken. Und tatsächlich: kein Hungergefühl. Nur ungebremste Energie. Wie ein durchgeknallter rosa Duracell-Hase raste ich durch die Gegend, sogar in einer Minute die fünf Stockwerke hoch in mein WG-Zimmer. Und wieder runter, weil ich den Briefkastenschlüssel vergessen hatte. Was für ein Lauf! Wer hätte das gedacht: Stanzi goes Sportskanone! Okay, ich war vielleicht ein bisschen unkonzentriert. Aber das macht nichts. Was man nicht im Kopf hat, muss man in den Beinen haben, und die kräftigte ich ja jetzt, damit ich das mit dem Kopf ausgleichen konnte. Und die Beine wurden immer dünner! Erfolg auf der schlanken Linie!

Mein High hielt ein paar Wochen lang. Dann merkte ich, dass ich doch nicht unsterblich war, wenngleich die Kilos auf der Waage verschwanden und sich meine Schenkel halbierten. Ich hatte nicht nur Konzentrationsprobleme, sondern auch Herzrasen, Schlafstörungen, Schwindelanfälle und schaffte die fünf Stockwerke in meine WG nur noch in Etappen. Alle zwei Treppenstufen musste ich pausieren und überlegte, bei der Hausverwaltung zu fragen, ob sie an jeden Treppenabsatz einen Stuhl stellen könnten. Einfach mal als Test, wie das sein wird, wenn ich hundert bin. Ehrlich: Ich war es schon. Vielleicht gleich einen Treppenlift? Körperlich ging es mir beschissen, aber seelisch war ich glücklich, weil ich körperlich dünn war. Jetzt war es nur noch eine Frage der Zeit, bis ich meine große Liebe gefunden hätte! Vielleicht bei einem Kreislaufzusammenbruch im dritten Stock? Da war doch ein neuer Mieter eingezogen. Oder auf der Straße?

Der Prinz beugt sich über mich: »Geht es dir nicht gut?«

»O doch, doch«, würde ich hauchen, und meine dünnen Beine würden so stark zittern, dass er mich auf seine starken

Arme heben und in seinen Palast tragen würde. Genau deshalb, Ladys, wollen wir doch dünn sein: damit die starken Kerle uns auch wirklich tragen können, ohne zusammenzubrechen, denn das sieht einfach scheiße aus, wenn ihm der Schweiß ausbricht, sobald er seine Holde mal hochhebt oder er gar keucht, als hätte er X-112 überdosiert.

Das war mir nämlich passiert. Ich vertrug die Wunderpillen nicht mehr, und das zu einem Zeitpunkt, als sie in Deutschland zugelassen wurden, ich hätte sie ganz legal in der Apotheke kaufen können. Aber legal war anscheinend nichts für mich, und nach einer Weile wurde X-112 vom Markt genommen. Vielleicht war ich Teil eines gigantischen Menschenversuchs gewesen? Oder war das schon wieder ein Missverständnis? Viele Frauenleben stehen unwissend in den Diensten der Wissenschaft. Eigentlich sollte man uns dafür bezahlen. Wie Labormäuse testen wir eine Diät nach der anderen – tragen nicht sogar viele von uns den Spitznamen Mausi?

Suppenkasper 2.0

»Und das soll wirklich schmecken?« Ich zweifelte, aber ich wollte nicht zweifeln. Seit Stunden stand ich in der Küche und zerkochte im wahrsten Sinne grünes Gemüse. Bloß keine Karotten, denn die sind im gekochten Zustand Kohlenhydrate, also Gift pur. Entschuldigung, aber das weiß doch wirklich jeder! Okay, jetzt wusste ich es auch, dank *Brigitte*.

Während ich lauter Dinge zerkochte, die ich bei Sinnen niemals gekauft hätte, fragte ich mich, ob das Zeug nicht ganz gewaltig blähen würde. Immerhin war ich in meiner Beziehung in einer Phase, in der Mädchen Rosenblütenzauber als Duftmarke auf der Toilette hinterlassen. Doch das Versprechen der Kohlsuppendiät klang so was von fantastisch, dass ich allen Ekel über Bord warf. Das können wir doch, Ladys, oder? Ich sag nur Bittersalz, aber das ist eine andere Geschichte.

Sieben Kilo minus in einer Woche dank Kohl! Wenn das kein Pfund war! Perfektes Timing, nächste Woche würde der Sommerschlussverkauf beginnen. Mein Freund kam in die Küche, beachtete mich nicht, schaute gequält drein, rannte zum Fenster, riss es auf, atmete durch, drehte sich endlich zu mir und ächzte: »Kochst du alte Socken?«

»Nein, mein Schatz, ich koche uns Kohlsuppe.«

Entsetzt musterte er mich. »Uns?«

In der nächsten halben Stunde schwärmte ich ihm begeistert von dieser fabelhaften neuen, diesmal absolut funktionierenden Diät vor – so als hätte ich sie schon hinter mir.

Als er endlich zu Wort kommen durfte, sagte er: »Consti, ich *liebe* deine Pölsterchen.«

Ich zuckte zusammen wie schwer angeschossen. Hatte er mich also doch erwischt, obwohl ich mich so tief im Kohl versteckt hatte. Monatelang hatte er mir vorgelogen, wie toll er mich fand. Und nun hatte er es benannt.

»Du hast mich also immer angelogen«, stellte ich fest. Ach, das war noch viel zu wenig, ich stückelte an: »Nach Strich und Faden«, auch wenn ich keine Ahnung hatte, was das bedeutete. Strich in der Landschaft, das war ich ja eben nicht.

In seinem Gesicht blinkten Fragezeichen. Mir fiel auf, dass es ein bisschen füllig geworden war. Eigentlich bettelte es geradezu um Kohlsuppe.

»Du hast gesagt, ich wäre deine Traumfrau«, präzisierte ich sein Vergehen mit tiefgekühlter Stimme, die auch im feuchtwarmen Kohldampf nicht auftaute.

»Aber das stimmt doch!«, rief er.

»Wie soll das gehen, wenn ich diese …« Ich konnte das Wort nicht aussprechen. »Diese Dinger habe.«

»Welche Dinger?« Er wirkte nun regelrecht verzweifelt und warf einen unsicheren Blick auf meinen Oberkörper.

»Na, die mit P.«

»Deine Pöpse?«, fragte er und gab sich größte Mühe, ernst zu bleiben.

»Kann man sich mit dir nicht vernünftig unterhalten?« Ich für meinen Teil konnte ernst bleiben. Was das böse P-Wort betraf, verstand ich keinen Spaß.

»Hast du Unterzucker?«, fragte er. »Möchtest du einen Schokoriegel?«

So wie ich heute für unseren Mops Hundekekse bereithalte, hielt mein Freund für mich seinerzeit Schokoriegel in Reserve. Ich glaube, ich habe wirklich Unterzucker, also jetzt in echt, ich schweife schon wieder ab. Ich muss mir schnell 'nen Schokoriegel holen. Die hab ich nämlich behalten, während der Freund … nun, der hat sich schon lange verdünnisiert oder ist verdünnisiert worden, das weiß ich jetzt nicht mehr so genau. Ich bin noch ein Stockwerk tiefer im Unterzucker, bin gleich wieder da.

Wenn man eine Weile in der Küche stand, merkte man den Kohlgeruch gar nicht mehr. Sehr wohl aber sah ich, dass mein Freund sich extrem anstrengte, seinen Bauch einzuziehen, den ich vor seiner Beichte, dass er meine Pölsterchen liebt, noch als Bäuchlein bezeichnet hätte.

Bauch einziehen, das machte er häufig, vor allem in Anwesenheit von Frauen, wie mir aufgefallen war. Gleichzeitig wurde er wortkarg, was meine Freundinnen »interessant« nannten. Aber ich wusste natürlich, dass er die Luft anhielt, weil der Bauch dann noch flacher wurde, und deswegen kein

Wort rausbrachte, ich bin ja vom Fach. Ich stupste ihn in die Seitenpölsterchen, so fiel die Wahrheit sehr schnell über seinen Gürtel. Ich schaute auf die Stelle, an der man den Gürtel hätte sehen können, wenn er die Luft immer noch angehalten hätte, und sagte: »Vielleicht machen wir diese Diät mal gemeinsam?«

»Kohlsuppe?« Ich hörte ihn fast schon würgen.

»Davon kann man so viel essen, wie man möchte, und je mehr man isst, desto mehr nimmt man ab.«

»Ich habe heute Spätschicht«, versuchte er zu fliehen. Ich schöpfte Kohlsuppe in Tupperware und drückte sie ihm in die Hand. Zum Abschied küsste ich ihn. Ich wusste ja nicht, wann ich ihn das nächste Mal würde küssen können – ohne Kohl-Dampf. Man sollte diese Diät schon eine Weile durchhalten.

»Wir schaffen das!«, rief ich ihm im Hausflur nach. Denn ist es nicht altbekannt: Zu zweit isst man weniger alleine?

Ich war stolz auf mich, das war ein Anfang. Erster Tag von, na ja, sieben Tage wollte ich mindestens durchhalten. Und Kohlsuppe aß man nicht nur einmal, man erinnerte sich daran noch stundenlang, sie stieß einen immer wieder an, sprich auf.

Drei Stunden später rief mein Freund an. Niedergeschlagen gestand er mir, dass er einen Bärenhunger habe.

»Dann iss mehr Kohlsuppe«, sagte ich.

»Hab ich schon.«

»Soll ich dir noch welche bringen?«

»Sag mal …«, begann er. »Habe ich dir eigentlich vorhin versprochen, dass ich mitmache?«

»Ja«, log ich.

»Ich kann mich nicht daran erinnern. Das war doch deine Idee.«

Er klang wirklich bedauernswert. »Also, direkt versprochen hast du es nicht«, sagte ich.

»Gott sei Dank«, seufzte er und beichtete, ein Wiener Schnitzel mit Pommes als Erste-Hilfe-Maßnahme zu sich genommen zu haben. Wir einigten uns darauf, dass er das nächste Mal einen Salat dazu bestellen sollte, idealerweise Chinakohl.

Wie gesagt: Frauen sind zäher als Männer. Ich habe tapfer eine ganze Woche durchgehalten. Ab Tag drei durfte man auch Obst zu sich nehmen. Drei Bananen mit fettarmer Milch, aber bitte davor und danach ganz viel Kohlsuppe essen. Habe ich schon erwähnt, dass ich Obst hasse? Ab Tag vier waren mir Obst und Gemüse erlaubt, so viel ich wollte. Zu früh gefreut, eher gedämpft, nämlich meine Laune. Wie denn bitte soll man Kartoffeln sonst essen, wenn nicht gebacken? Kommen sie nicht als Pommes oder Bratkartoffeln zur Welt? Aber die Welt war nicht so, wie ich sie mir vorstellte, sonst hätte ich jetzt, an Tag vier, bereits sechs Kilo abgenommen. Hatte ich aber nicht.

Also Plan S, Plan Sport. Schatz war erleichtert, als ich die Mission Suppe abblies, und erklärte sich sofort bereit, mit mir das gegenüberliegende neu eröffnete Fitnessstudio zu besuchen.

»Regelmäßig?«, vergewisserte ich mich.

»Ich tu alles«, nickte er. »Hauptsache, nie mehr Kohlsuppe.«

Meine Freundinnen beneideten mich um diesen tollen Mann, der sich so offen für weibliche Sorgen zeigte: ein Frauenversteher. Andererseits, und es gibt ja immer zwei Seiten, nahm er mir damit den Wind aus den Segeln. Iris zum Beispiel hatte zehn Kilo zugenommen, weil ihr Bernd abends gerne deftig aß. Iris sollte mit ihm am Tisch sitzen und nicht an Salatblättern knabbern, sondern anständig mithalten. »Is ja sonst voll ungemütlich«, sagte Bernd.

»Ich kann nichts dafür«, sagte Iris. »Wenn ich diesen Mann behalten will, muss ich essen.« Und so schlimm ist Essen ja nun auch nicht, also, es gibt Schlimmeres, oder?

Bernd fand Diäten unmenschlich. »Essen hält Leib und Seele zusammen«, dozierte er, und ich fragte mich, was meinen Leib und meine Seele zusammenhielt. Kohlsuppe schien mir tatsächlich kein guter Kleber zu sein. Vielleicht lieber etwas Selbstproduziertes … im Schweiße meines Angesichts Geerntetes, und dann hätte ich Endorphinflashs und körpereigene Drogenausschüttungen und wäre immer gut drauf und würde, ohne es zu merken, abnehmen. Ja, ja, ja, das wollte ich, und Schatz zog seinen Bauch ein und sagte: »Also, ich hab das zwar nicht nötig, aber ich begleite dich natürlich, wenn's sein muss, bis ans Ende der Welt.«

Ich ahnte nicht, wie nah das war.

Barbie und Ken

»Schatz, bist du so weit?«, flötete ich an der schon geöffneten Haustür, ausgestattet mit meiner neuen Sporttasche, meinen neuen Sneakers und meinem neuen Jogginganzug. Auf der Rückseite der Jacke prangte in großen Glitzerlettern »Riot Girl« in der super Trendfarbe Pink. Den musste die Welt doch sehen! Und die befand sich praktischerweise gegenüber. Einmal über die Straße – und schon stand ich im brandneuen 3000 Quadratmeter großen Fit Fun Center.

»Total super, dass ihr hergekommen seid, die beste Entscheidung eures Lebens«, nahm uns eine junge Blondine an der Tür in Empfang. Mein Freund war völlig in ihren Bann gezogen, wie Mogli seinerzeit von Schlange Ka oder wie die damals im Paradies hieß. Fehlte nur noch der Apfel. Ich wollte da nicht mitspielen, aber ich konnte nicht umhin, die durchtrainierte Blondine anzustarren, egal an welchem Quadratzentimeter. So also sah man aus, wenn man ein bisschen Sport machte? Das konnte ich nicht glauben. Wahrscheinlich frühstückte sie Wattebälle, und zwar nur die blauen, deshalb war sie auch so obercool. Ich kontrollierte kurz im Spiegel, ob ich selbst so aussah, als hätte ich grüne Wattebäusche gefrühstückt, nein, meinen Neid sah man mir nicht an, alles gut. Mein Freund, der im wirklichen Leben keinen einzigen Dauerauftrag hatte, sondern alle Beträge monatlich einzeln überwies, wollte einen Zehnjahresvertrag mit monatlichen automatischen Überweisungen abschließen.

»Gern«, nickte die Blondine. Sogar ihr Lächeln wirkte antrainiert. Ich warf mich in den Ring und fightete für einen Jahresvertrag.

»Denn weißt du, Schatz«, sagte ich, »wenn es dir so ergeht wie neulich«, ich dachte an die Kohlsuppe, »dann hältst du das nicht lange durch.«

»Mein Wille ist eisern«, ließ er mich – oder Blondie? – wissen. Aber dann merkte er, dass ich recht hatte, und drückte mir ganz lieb die Hand. Neunundsiebzig Euro im Monat pro Person war ja auch total günstig, »wenn ihr bedenkt, was ihr alles dafür bekommt«, zählte die Blondine auf: »Wir haben rund um die Uhr geöffnet, das nennt man twenty-four-seven, das kommt aus Amerika, die machen das so. Ihr könnt also immer trainieren. Stell dir vor«, sagte sie zu meinem Freund, »du kannst nachts nicht schlafen.«

Wieso sollte er nachts nicht schlafen können?, fragte ich mich.

»Da kommst du einfach mal rüber … «

Spinnt die?, dachte ich.

»… setzt dich in die Rudermaschine und gleitest ein paar Kilometer übers Wasser.«

Welches Wasser?, dachte ich.

»Und dann fährst du durch die Panoramafenster direkt in den Sonnenaufgang und zum Schluss noch in die Sauna.«

»Macht das nicht müde?«, fragte ich.

»Aber nein. Ihr werdet immer fitter und leistungsfähiger. Und die Handtücher für die Sauna bekommt ihr gratis bei uns, wenn ihr hundertfünfzig Euro Pfand hinterlegt.«

Mir fiel die Kinnlade runter. »Hundertfünfzig?«

»Die kriegt ihr ja wieder, wenn ihr aufhört. Also ist das alles in allem ein Superdeal.«

Mein Freund und ich sahen uns an. Gehirngewaschen nickten wir. Ein Superdeal. Wir durften sofort, also unmittelbar nach unserer Unterschrift, mit dem Training anfangen. Das war mir schon wichtig, schließlich hatte ich mich bereits umgezogen und wollte meinen neuen Jogginganzug einem Praxistest unterziehen. Sechs Minuten später lernten wir Ken kennen, das Pendant zu Barbie, und ich schwöre, so hieß er wirklich.

»Willkommen bei Bauch, Beine, Po«, strahlte er uns an.

Diesmal fiel meinem Freund die Kinnlade runter. Es gab also nicht nur Barbies im Fitnessstudio, sondern auch Kens, und nicht bloß einen, wie ich erfreut bemerkte. Vor den Spiegeln machten sich die Boys der Chippendales warm.

»Also, irgendwie ist mir gerade eher nach Zirkeltraining«, sagte mein Freund.

»Mir ist alles recht, Schatz«, erwiderte ich. Ich war ja so froh, dass wir keinen Zehnjahresvertrag unterschrieben hatten! Man stelle sich das nur mal vor: Zehn Jahre Kohlsuppe!

Es ging los mit Intervalltraining, drei Minuten an einem Gerät, zwei Minuten Pause. Beinpresse. Schlimmes Wort, aber sehr gut für die Oberschenkel-Innenseiten. Nach zwanzig Sekunden begann mein ThinnerMe in meinem BiggerMe begeistert auf und ab zu hüpfen. Tief drin steckte es also doch noch irgendwo und wollte raus, raus, raus. Ja, ich befreie dich, rief ich ihm zu und gab alles. Auch an der Hyperextensionsbank. Fünfzig Mal in drei Minuten rauf und runter. Straff, straff, straffer, gab ich mir einen Rhythmus vor.

Eine Station weiter warf mein Freund einen Ball gegen die Wand. Ich freute mich auf das schöne Spiel, doch als ich dran war, merkte ich, dass es kein Tennisball war, wie er bei ihm ausgesehen hatte. Nun, er war fast 1,85 m groß und ich mit meinen nicht mal 1,58 m wuchtete einen Medizinball hoch. Drei Minuten, fünfundzwanzig Mal gegen die Wand. Beim oberen Rückentraining wollte ich spontan sterben. Aber da federte Barbie vorbei und lobte mich. Ich bedanke mich bei beiden, denn mittlerweile sah ich alles doppelt.

An die folgenden Geräte erinnere ich mich nicht mehr. Mein Gehirn hatte sich wegen Sauerstoffmangels bereits abgemeldet.

Nach einem gefühlten Ironman krochen wir aus dem Fit Fun Center über die Straße nach Hause. Alles tat weh, aber das machte nichts, weil wir so unglaublich stolz auf uns waren.

»Heute Abend kochen wir was ganz Besonderes, das haben wir uns verdient«, sagte mein Freund.

Rückblickend weiß ich noch, dass wir zu schwach zum Kochen waren. Mit letzter Kraft stemmten wir den Telefonhörer zum Ohr, um zwei Jumbopizzen mit allem zu bestellen. Die hatten wir uns verdient, sogar mit dieser Aktion, denn sah der Telefonhörer nicht aus wie eine Hantel?

Entgegen der Prophezeiung des Trainers, dass wir vielleicht morgen oder übermorgen eventuell ein bisschen Muskelkater bekommen würden, konnten wir unsere Arme ab neunzehn Uhr nicht mehr bewegen. Wie lahme Flügel hingen sie an unseren Seiten. Wir konnten uns auch nur schlurfend und ächzend fortbewegen, und wenn ich zur Toilette musste, war es mir nicht möglich, mich auf die Brille zu setzen. Ich musste mich fallen lassen und stöhnte vor Schmerzen. Es gab keine Stelle an meinem Körper, die nicht wehtat, und ich entdeckte ständig neue Stellen, von deren Existenz ich noch nichts gewusst hatte. Mein BiggerMe war so groß wie noch nie und breit und lang. Das Abendessen? Die Pizza fiel aus, denn wir hatten keine Kraft, eine Gabel zu halten, geschweige denn zum Munde zu führen.

Da wurde mir klar, warum alle sagen, dass man mit Sport am besten abnimmt. Sport ist wirklich die ultimative Lösung, denn du hörst auf zu essen, weil du es nicht mehr kannst, und deshalb heißt es auch: Sport ist Mord.

Aber eigentlich, jetzt mal ganz ehrlich, Ladys. Eigentlich war ich die Killerin, und zwar an mir selbst, indem ich meinen Körper in die Problemzonen schlimm, schlimmer, Katastrophe einteilte. Bitte, macht mir das nicht nach! Ich bin da jahrzehntelang einem Missverständnis aufgesessen.

Eins, zwei, drei, Zauberei, ab heute wirst du keine Problemzonen mehr finden. Denn da ist nix. War alles Einbildung.

Egal, wie viele Problemzonen du beackert haben magst: Du bist super! Ich weiß das, weil ich jetzt auch super bin, und im Grunde genommen ist es nur der Schalter im Kopf, den wir umlegen müssen.

Du bist super, und ich bin super,
die liebe Göttin hat uns diesen Körper geschenkt …
was machen wir draus?

Ich glaube an ihre allumfassende Weisheit. Sie wird sich schon was dabei gedacht haben. Stanzi braucht kräftige Beine, denn Stanzi darf so leicht nichts umhauen! Immerhin, fünftes Stockwerk in ihrer WG. Und später die Bühne. Das braucht Standvermögen. Ich Menschlein kann doch nicht in das Hirnkastl der lieben Göttin schauen und ihre Motive begreifen! Ich nehme, was ich bekommen habe, und sage danke, danke, danke!

Eigentlich der Hammer, ich meine, wenn wir unseren Körper in Problemzonen einteilen. Wo wären wir denn ohne unseren Körper? Genau, nicht da.

Problemzonen verbinden uns aber auch miteinander, richtig, Ladys? Bauch, Beine, Po. Das Nasendilemma. Die Lippenkatastrophe. Und die Brüste. Eigentlich alles mit B, also für Franken: Bauch, Beine, Bo und Busen.

Im Lauf meines Lebens habe ich auch ganz kuriose Problemzonen kennengelernt. Ich erinnere mich an Kiras Knie »viel zu rund«, da lernte ich, dass Knie spitz sein sollen, oder verwechsele ich sie mit den Ellbogen im Management? Ein monströses Problem können auch Hände sein, vor allem Fingernägel. Oder Füße wie bei Melli, die wegen ihres »Quasimodo«, so nannte sie ihren großen Zeh, niemals ins Schwimmbad mitkam. Und so weiter und so weiter. Vielleicht hast du auch eine PZ. Meine Problemzone waren immer die Beine, wie dir nicht entgangen sein wird. Ich habe was wiedergutzumachen!

Ode an meine Beine

Immer hab ich versucht, euch zu verändern, für alle andern. Und dabei habe ich mich und euch vergessen, verloren und verleugnet.

Aber ihr seid doch das Wichtigste. Ohne euch könnte ich nicht so durchs Leben gehen. Und überlegt mal, wo wir schon überall waren, und was wir alles gemeinsam durchlaufen haben. Ihr tragt mich durch dick und dünn. Auf Berge, durch Täler, an Stränden entlang und im Wasser, in Museen und im Matsch, wir haben nächtelang gemeinsam auf Partys getanzt und sogar Verstauchungen und Brüche ausgestanden.

Ihr wart immer für mich da, von Anfang an. Wenn es hart auf hart kam, seid ihr nicht eingeknickt, sondern habt tapfer durchgehalten. Kurz vorm Auftritt, wenn ich vor Lampenfieber fast gestorben wäre, habt ihr den ersten Schritt gemacht. Ihr seid viel mutiger als ich. Unzählige Male haben wir auf der Bühne alles gegeben, und ihr seid sogar Marathon gelaufen. Habt nicht gezittert, nicht nachgegeben, seid gesprungen und immer sicher gelandet, habt getanzt und gestöckelt und gestampft und mich immer heil nach Hause gebracht. Danke!

Ich les mir meine Ode manchmal durch, so zur Erinnerung. Vielleicht magst du ja auch mal eine Ode an deine PZ schreiben … dann kannst du dich bald schon auch erinnern.

Es könnte nämlich sein, dass du das ganz dringend mal brauchst. So war es wenigstens bei mir. Denn klar bin ich am Anfang immer wieder rückfällig geworden, deshalb musste ich auch noch zu den WWs. Aber das kam erst, nachdem die Sache mit der Waage passiert war:

Im Gleichgewicht

»Schatz, ich glaub, unsere Waage ist kaputt«, rief ich aus dem Badezimmer. Ich war absolut sicher. Denn das konnte unmöglich sein. Kaum mal ein paar Wochen … oder waren es Monate … nicht gewogen, und schon acht Kilo mehr. Nie im Leben hätte ich das Thema angesprochen, wenn ich gewusst hätte, dass ich schuld sein sollte, ja, ich will es bis heute nicht glauben. Es ist doch allgemein bekannt, was für boshaft-hämische Wesen in Waagen stecken. Von wegen objektiv! Das ist gelogen, wie sonst würde mich das Ergebnis so dermaßen beeinflussen? Gut gelaunt steige ich drauf, lese die Zahl – und der Tag ist gelaufen, ach, was sag ich, die ganze Woche, mein ganzes Leben ist gelaufen.

»Ich hab meine Waage aus dem Fenster geworfen«, sagte meine Bekannte Susi stolz. Wow, dachte ich. Die traut sich was. Andererseits: Einfamilienhaus mit Garten. Da würde ich mich das auch trauen. Ich glaube, dass viele Leute ihre Waagen gerne aus dem Fenster werfen würden. Eigentlich müssten die Straßen aller Städte mit deformierten Waagen gepflastert sein.

Vielleicht müssen wir deswegen einfach ein bisschen füllig sein, vielleicht …

»Hör auf!«, rief ich mir selbst zu. Im Ausredenerfinden war ich schon immer gut. Ich würde mich nicht von meiner Waage trennen, sondern meine Kost trennen. Davon schwärmten ja auf einmal alle. Es klang verlockend: Ich konnte essen, was ich wollte, oder so ähnlich. Das war die weltbeste Diät, schwor ich mir, während ich einen Salat vorbereitete und Unmengen von in Sweet-Chili-Thai-Soße angebratenen Putenbruststückchen darauf verteilte, und zwar so viele, dass man überhaupt nichts mehr vom Salat sah. Es duftete herrlich! Genau so musste es sein. Diät halten, ohne Hunger zu leiden. So viel essen, wie ich möchte. Einfach nur getrennt. Alles total easy ... Moment ... Da fiel mir ein, dass ich eine ganze Packung knackiger Croutons über die Putenstreifen gekippt hatte. Egal, schon passiert, dann trennen wir eben ab heute Abend.

Ich liebe Nudeln. Und Tomatensoße mit Parmesan. Mist! Doppelmist. Käse! Klares Nein! Und wie??? Ich rieb mir die Augen und las noch einmal: Tomatensoße kann bei Trennkost nicht kombiniert werden? Das darf nicht sein!

Ich suchte so lange im Internet, bis ich eine Seite fand, die mir genau das erlaubte. Auf »Wunderweib« las ich: »Tomatensoße ist ein umstrittenes Thema bei Trennkost, aber wir sehen das nicht so eng.«

Ich auch nicht! Es schmeckte herrlich. Zwei Teller Nudeln verschwanden in mich hinein. Über die Menge hatte ja keiner gesprochen, nur dass man keinen Hunger haben würde, und somit musste ich zwei Teller essen, sonst hätte ich welchen gehabt.

Leider geriet ich dann doch ein wenig aus dem Gleichgewicht, denn beim Espresso danach las ich weiter: »... Tomatensoße ist ein umstrittenes Thema bei Trennkost, aber wir sehen das nicht so eng. Ihr dürft die Tomaten nur nicht kochen.« Es folgte ein »superleckeres erlaubtes« Rezept für ein Tomatenpesto.

Warum machte ich ständig verbotene Sachen? Gefrustet entkorkte ich eine Flasche Wein. Nur ein Gläschen, klar. Wein war ja auch verboten, obwohl er so gesund ist, man wird davon hundert und braucht keinen Treppenlift. Aber heute war sowieso schon alles egal. Oder konnte ich den Diättag vielleicht noch retten und mein Gleichgewicht wiederherstellen, denn: Wein besteht aus Früchten. Und die sollte ich doch essen. Insofern kann Wein nur erlaubt sein, weil er aus Trauben gemacht wird, die ganz rein und unschuldig an sonnenbeschienenen Hängen reifen, alles total bio. Obst ist gesund, das weiß jedes Kind, und wer Obst nicht mag, so wie ich, muss, um keinen Mangel zu erleiden, Wein trinken. Natürlich würde ich liebend gern Smoothies schlürfen, aber wegen meiner »Obstallergie« ist mir das leider nicht möglich. Prost.

Bei den Gewichtwächtern

»Hallo, mein Name ist Constanze«, erklang meine Stimme ein klein wenig aufgeregt in einem karg möblierten Zimmer mit grauem Teppich im Stuhlkreis. Das spärliche Ambiente erinnerte an den Mehrzweckraum einer kirchlichen Versammlungsstätte.

»Hallo, Constanze«, nickten ein paar der Dutzend Frauen mir zu. Zwei Männer saßen auch im Kreis. Keiner lächelte. Hatte ich was falsch gemacht? Lief es hier so wie bei den AA, dass man noch hinzufügte … und ich bin Alkoholikerin, also: »Ich bin anonyme Esserin«?

Nein, das war bei den WW nicht nötig, sie waren ja keine AA, sie standen nicht am Anfang, sondern eher am Ende des Alphabets. Und sie wussten, wohin der Hase nicht laufen sollte, nämlich in den Magen. Wenn ich nicht alleine auf mein Gewicht achten konnte und die Waage doch nicht schuld war, brauchte ich eben jemanden, der das für mich oder besser gesagt mit mir durchzog! Einen erziehungsberechtigten Aufpasser: die Weight Watchers – Gewichts-»Wächter«. Vier Wochen zum Schnupperangebot von nur 59 Mark (ist schon etwas länger her). Glück muss man haben! Zwanzig Mark weniger als das Fitnessstudio, der Vertrag war längst gekündigt. Meine Beziehung auch. Bei den WW musste ich keine Medizinbälle an die Wand donnern oder mich auf der Streckbank quälen, ich durfte sitzen, alles war supereinfach. Man sammelte Punkte, wenn auch durch Aktivitäten, aber die konnte man sich selbst aussuchen, und die Punkte durfte man dann gegen Essen eintauschen.

Eine Etage Treppensteigen, und schon hatte ich einen Punkt! Wow! Also bekam ich fünf Punkte automatisch, wenn ich nur zu mir nach Hause ging. Und noch mal schnell runter zum Kiosk und 'ne Cola geholt, da hatte ich die Punkte schon wieder drin? Na gut, nicht ganz, dann würde ich eben beim ersten Mal mein Portemonnaie vergessen und beim zweiten Mal meinen Kopf, dann würde es beim dritten Mal bestimmt passen.

Begeistert sah ich mich den Olympiaturm, ein Münchner Wahrzeichen, erklimmen. 1230 Stufen, die in ein Gourmetrestaurant führten, in dem ich meine Punkte gleich einlösen konnte.

»Wie einlösen?«, fragte meine WG-Mitbewohnerin, der ich begeistert von meiner neuen supertollen Methode zum Abnehmen erzählte. »Du sagst oben im Restaurant, einmal für 1230 Mäuse essen?« Mit offenem Mund starrte sie mich an.

»Mäuse essen?«, lachte ich. »Es geht um die Stockwerke. Jedes Stockwerk ein Punkt.«

»Und wie viele hat der Fernsehturm?«

»Das weiß ich noch nicht!«

»Aber sind die dann nicht pleite? Ich meine, von wem holen die sich das Geld?«

»Ich bezahle einen Mitgliedsbeitrag.«

»Also haben die fusioniert«, dachte sie laut. Sie studierte im ersten Semester Betriebswirtschaft.

Ich zuckte mit den Schultern.

»Super System«, bestätigte meine Mitbewohnerin, während ich mich fragte, ob ich wirklich alles richtig verstanden hatte. Mein zweites Treffen bei den WW brachte Licht ins Dunkel. Vor allem stellte ich fest, dass man gemeinsam weniger isst und dass man mit seinem BiggerMe weniger allein ist. Denn alle Anwesenden hatten ein BiggerMe, und wie schwer das war, das wurde öffentlich gewogen.

Unfassbar, Gabi hat schon wieder zweihundertachtzig Gramm abgenommen. Toll gemacht, Gabi! Applaus! Ich war sofort neidisch auf Gabi, und gleichzeitig bewunderte ich sie. Und sie motivierte mich. Ich würde das auch schaffen, ich würde werden wie Gabi. Ich würde endlich schlank sein, und mehr noch, superschlank und dann geliebt, und zwar von allen, supergeliebt. Vielleicht konnte ich mich dann irgendwann sogar selbst ein bisschen mehr mögen? Denn wenn ich das bereits täte, würde ich ja wohl kaum 59 Mark im Monat springen lassen, um mir mein Essen an Treppen zu erlaufen. Ich meine, jetzt mal Klartext: Wer nicht isst, stirbt früher oder später.

Menschen brauchen Essen.
Auch Frauen.
Gerade Frauen!

Schließlich müssen wir manchmal für zwei essen. Und das gewöhnt frau sich eben gern an. Auch wenn sie gar kein Zweites hat, kann sie sich das Für-Zwei-Essen angewöhnen, und auf einmal ist sie selbst ihr Zweites, ja, das ist möglich, aus eins mach zwei, behauptete die Waage bei Petra. Sie war das Schwergewicht in meiner WW-Gruppe. Jedes Mal vor der Waagenbesteigung weinte sie. Ich glaube, sie wollte noch schnell ein paar Gramm loswerden. Und dann waren es doch Pfunde. Bei Petra purzelten sie. Bei mir pausierten sie manchmal. Aber im Rechnen war ich sowieso noch nie eine Leuchte, und letztlich war das alles höhere Mathematik.

Vier Wochen Punkte zählen, Punkte sammeln, Punkte, Punkte, Punkte, ich sah nur noch Punkte, meine Welt war zerfallen in schwarz-weiße Smarties, auch abends im Restaurant mit den Mädels.

»Haben die Damen schon Getränke gewählt?«, fragte der Ober und schaute mich an.

»Ich hätte gern acht Punkte«, bestellte ich.

»Bitte?«

»Okay, sechs«, seufzte ich. Woher wusste der, dass mir nur vier zustanden?

Der Ober schaute hilfesuchend in unserer Frauenrunde herum.

»Er meint, was du trinken willst«, erklärte Babsi mir.

»Hab ich doch gesagt!«

»Du musst eine Flüssigkeit nennen. Keine Punkte.«

»Äh, Entschuldigung, ich, äh, ich war in Gedanken.« Eigentlich hatte ich einen Acht-Punkte-Wein gewollt, nun bestellte ich schnell ein Glas Nullpunkte, Wasser, damit konnte ich nichts verkehrt machen und hatte Punkte gespart für später.

Der Ober wandte sich meiner Tischnachbarin zu. Moment, eigentlich war jetzt schon später. »Also, ich nehm jetzt doch lieber eine Weißweinschorle«, sagte ich.

»Wie groß?«, fragte er.

»Sechs Punkte.«

»Ein Viertel«, dolmetschte Babsi.

Bei der Essensbestellung vermied der Ober es, mich anzusehen, gerade so, als stünden mir überhaupt keine Punkte mehr zu. Da ging ich aufs Ganze. »Hundert.«

Wieder übernahm Babsi, und sie drückte beide Augen zu und bestellte für mich alle meine Lieblingsgerichte. Ich konnte überhaupt nichts dafür!

Es war ein richtig toller Mädelsabend, wir lachten viel, doch dann fing ich an, die Punkte der anderen zusammen-zurechnen, wobei ich ihnen wirklich nichts Böses wollte. Aber Carbonara besteht nun mal nicht aus Musik, sondern aus Sahne, und una Coca-Cola hat verdammt viele Punkte, ganz zu schweigen von Mousse au Chocolat, da steckt das Aua schon drin. Meine Kommentare flutschten wie Ölsardi-nen, es geschah ganz automatisch, ich war zu einer Gewichts-wächterin mutiert, und wenn du das mal in Fleisch und Blut hast, wirst du es nicht mehr so schnell los! Aber deine Freun-dinnen, die wirst du los, blitzartig.

Am Ende meiner Karriere bei den WW war es so, dass ich nicht nur Pfunde verlieren wollte, sondern auch Punkte, denn die Punkte quälten mich bald noch schlimmer als die Pfunde. Immer diese P-Wörter!

Eines Tages dachte ich, dass ich mir mein eigenes Punk-tesystem schaffen sollte. Endlich ich selbst und nicht dau-ernd tun, was ich glaubte, dass andere glauben, dass ich tun soll, und so weiter in dieser Leier.

So viele Missverständnisse hatte ich mir im Laufe meines Le-bens angegessen. Doch Miss Verständnis hat Verständnis, und zwar vor allem und unbedingt für sich selbst. Denn da-rum geht es: Dass wir zu uns stehen. Dass wir uns mögen. Ich bin Miss Verständnis für mich selbst, und ich verrate dir jetzt mal meine persönliche Punkteliste. Vielleicht magst du dich davon inspirieren lassen … oder du machst dir kom-plett deine eigene. Und weißt du was? Sie wirkt besser als alles, was ich jemals probiert habe. Denn eigentlich wollen wir doch gar nicht abnehmen! Wir wollen nicht weniger werden, wir wollen mehr werden, wir wollen mehr Wert! Selbstbewusster, fröhlicher, sicherer, leuchtender, zufriedener, sinnlicher, ausgeglichener, liebevoller, reicher, glücklicher. Wie soll das funktionieren, wenn wir weniger werden? Da stimmt doch was nicht!

Sammle dich glücklich!

Achte darauf, dass du jeden Tag
mindestens 100 Punkte zu dir nimmst.
Wann und wo, spielt keine Rolle.
Auch Betthupferl sind erlaubt,
und es bleibt dir überlassen,
ob du sie mit Kohlenhydraten, Fett oder
Eiweiß kombinierst oder pur genießt!

- Drück dich mal! Sei deine beste Freundin, die allerbeste. Je nach Intensität und Dauer zwischen 10 und 30 Punkte.
- Du siehst irgendwo eine richtig tolle Frau. 10 Punkte, wenn du es dabei belassen kannst. 20 Punkte, wenn du denkst: Wow, die sieht super aus. 30 Punkte, wenn du ihr das sagst, und 50 Punkte, wenn du es ehrlich meinst.
- Ruf eine Freundin an, die du schon lange nicht mehr gesprochen hast, und frag sie, wie es ihr geht – 10 Punkte. Wenn dich das wirklich interessiert: 20 Punkte. Wenn du mit offenem Herzen mitfühlend eine Weile zuhörst: 30 Punkte.
- Geh in ein Café, bestell dir einen Kuchen – 20 Punkte. Mit Sahne: 30 Punkte. Alles ohne schlechtes Gewissen genießen: 40 Punkte.
- Such dir in einem Klamottenladen etwas aus und geh damit in die Umkleidekabine. Schließe die Augen: 30 Punkte. Probiere es an, noch mal 10 Punkte drauf. Atme. Spüre, wie sich der Stoff anfühlt. Bequem? Geht es dir gut in dem Teil? Mach deine Kaufentscheidung von deinem Wohlgefühl abhängig. Insgesamt 40 Punkte. Du kannst noch 20

drauflegen, wenn du während deines gesamten Aufenthalts in der Umkleidekabine nur nett, wertschätzend und liebevoll mit dir umgehst.

- Sortiere deinen Modeschmuck aus, häng eine kleine Karte mit den Worten »Sucht neue Besitzerin« dran und platziere ihn irgendwo in der Stadt. 50 Punkte. Falls es echter Schmuck ist: 60 Punkte. Je Karat 10 Punkte drauf.

- Stell dich nackt vor einen Spiegel und schau dich von unten nach oben an. Wenn du es bis zum Knie schaffst, 10 Punkte, über die Oberschenkel 20 Punkte, bis zur Taille 30 Punkte, bis zum Hals 40 Punkte, komplett 50 Punkte. Doppelte Punktzahl, wenn du Frieden schließt mit dem, was du siehst.

- Sei endlich mal enthaltsam! Sparen macht Spaß! Also bitte, hör auf, dich mit anderen zu vergleichen. Vor allem, wenn du in den sozialen Netzen unterwegs bist. Du weißt doch, dass dort gelogen wird, dass sich die Bytes biegen. Für jeden Post, bei dem du dich nicht vergleichst, gibt es Punkte, und zwar so viele du magst, denn du möchtest deine Punktzahl doch nicht mit der anderer vergleichen! Noch mal 50 Punkte von mir obendrauf.

- Fake it till you make it, kennt ihr alle! Und es stimmt. Was willst du faken? Tu es jetzt. Zum Beispiel: Ich bin superselbstbewusst. Üb das eine Woche lang, und dann fake it, und auf einmal … hast du es gemaked – weil du es jetzt bist!! 100 reale Punkte für jeden Ex-Fake-Make!

Die Hirndiät

»Echt, das hast du sofort gesehen?« Ich strahlte meine Freundin Ninni an. Unsere dicke Freundschaft bestand noch immer, auch unsere vielen gemeinsamen Jahre in der Fotofix-Kabine hatten uns nicht trennen können, so was schweißt zusammen. Und ja, es stimmte. Ich hatte tatsächlich abgenommen.

»Wie? Womit? Was hast du entdeckt, was ich nicht kenne? Sag bloß, du hast dir einen Bandwurm einsetzen lassen!«

Entsetzt schrie ich auf. »Was???«

»Das ist ja so was von vorbei.«

»Ich dachte, das waren die Wattebäusche.«

»Ja, klar, Schnee von gestern.«

»Aber nur die weißen.«

Wir verbrannten ein paar Kalorien bei einem Lachkrampf, dann wollte Ninni wissen: »Im Ernst, wo hast du's machen lassen?«

»Ich hab nichts machen lassen!«

»Ach komm, Stanzi, ich bin deine Freundin. Auch wenn ich drei Monate weg war.«

»So lange haben wir uns noch nie nicht gesehen! Also wenn wir nicht geskypt hätten.«

»Aber du kannst mir trotzdem die Wahrheit sagen.«

»Ich hab wirklich nichts gemacht.«

Ninni zog die Stirn in Falten. »Das behauptet man bei Leuten, die sich nicht so nahestehen wie wir.«

»Ich würde dich niemals anlügen, Ninni! Ich habe tatsächlich nichts gemacht. Eigentlich habe ich in den letzten Wochen von morgens bis abends mein neues Soloprogramm geschrieben und geprobt. Ich würde sagen, dass ich ziemlich viel gegessen habe, weil das Denken so anstrengend ist. Nüsse habe ich mir zum Beispiel reingezogen wie eine Weltmeisterin, obwohl die superfett sind, aber das war mir egal, ich hatte einfach Lust drauf.«

»Da haben wir's!« Ninni schaute mich triumphierend an. »Nüsse. Omega drei. Hirnnahrung.«

»Ich hab aber nicht nur Nüsse gegessen, sondern auch alles andere. Ich war so euphorisch und aufgeregt und vertieft in meine Texte, dass ich mir keine Gedanken darüber gemacht habe, was ich essen darf und was nicht. Ich glaube …« Mir stockte der Atem.

»Was?«, fragte Ninni.

»Ich glaube … ich … ich habe einfach ganz normal gegessen, so wie man isst, wenn man ein normaler Mensch ist.«

»Du meinst also, nur Essen, über das man ständig nachdenkt, setzt an?«

Ich nickte. So genau hatte ich mir das noch nie überlegt, aber ja. Ja, das machte Sinn.

Wir starrten uns an. Dann packten wir uns bei den Schultern und sprangen im Dreieck.

Wir hatten das Ei im Kolumbus gefunden oder die Henne in Amerika entdeckt oder alles zusammen. Wir wussten jetzt, wie es funktionierte.

Einfach nicht mehr drüber nachdenken. Einfach essen. Weil es zum Menschsein dazugehört.

»Iss dich schlank!«, jubelte Ninni.

»Nie mehr Gewichtswächter!«, stimmte ich ein. »Keine Kohlsuppe, kein Medizinball, keine Hosenschere, kein Apnoetauchen, endlich frei, frei, frei!«

Ein Glücksgefühl breitete sich in mir aus. Mir wurde heiß.

»Ninni!«, brüllte ich. »Das müssen alle Frauen erfahren. Sofort!!! Ich muss das jetzt gleich auf die Welt, äh in die Welt bringen. Ich muss ein Buch schreiben.«

»Und wie soll es heißen? Hören Sie auf zu denken, und alles wird gut«, schlug Ninni vor.

»Erst essen, dann denken!«, korrigierte ich. »Untertitel: Alles war nur ein Missverständnis. Die einzig wahre Diät ist keine Diät!«

Entschuldigungsbrief an mich selbst

Wie oft entschuldigst du dich am Tag. Entschuldigung, dass ich Ihnen auf die Zehen gestiegen bin. Entschuldigung, ich habe dich nicht verstanden, kannst du das noch mal sagen? Entschuldigung, der Akku ist gleich leer. Wir entschuldigen uns: Ich hab's nicht so gemeint, ich weiß nicht, was mit mir los war. Und immer sind wir schuld ...

Also Ladys, ich würde behaupten, wir sind ziemlich gut im Entschuldigen. Einige von uns sind wahrscheinlich sogar Naturtalente. Wir haben das ja auch oft genug geprobt. Deshalb dürfte dir die erste und einzige Hausaufgabe in diesem Buch nicht schwerfallen. Hier kommt also ... ich hole tief Luft ... Hier kommt die ultimative längst fällige supercoole megawichtige Entschuldigung bei dir selbst. Und, damit es auch richtig wehtut, schreibst du sie mit der Hand: als Brief!

Du kannst das! Weil: Ich hab es auch geschafft. Abends habe ich meinen Brief unter mein Kopfkissen gelegt und Nacht für Nacht, Buchstabe für Buchstabe hat er sich in mein Hirn geträumt und ist in mein Herz geflossen, und eines Tages spürte ich, dass meine Entschuldigung angenommen war. Seither ist alles anders. Und das ist gut so.

Lieber Körper,

das hat ganz schön lang gedauert, gell, bis ich mich endlich bei dir melde!

Ich hoffe, du kannst mir verzeihen. Ich habe dir vermutlich ziemlich wehgetan. Du bist nie von meiner Seite gewichen. Du warst immer für mich da, und ich habe dich sehr schlecht behandelt. Meine unzähligen Beleidigungen. Die permanente Sabotage. Ich hab dich kleingemacht und bin dann noch auf dir herumgetrampelt. Wie konnte ich so gemein sein? Wenn gemein überhaupt reicht.

Du weißt es ja selbst: Es gab Momente, da hätte ich dich sofort und liebend gern gegen einen anderen Körper eingetauscht. Dafür schäme ich mich heute. Ich habe immer von dir und mir gesprochen, als wären wir zwei völlig verschiedene Existenzen.

Du, der unförmige Körper mit den Pölsterchen und dicken Beinen voller Dellen und Beulen. Und ich, die was Besseres verdient hätte.

Während ich diesen Brief schreibe, bricht mir fast das Herz. Zu niemandem auf der Welt war ich so gemein wie zu dir. Niemanden sonst habe ich so oft und so schlimm beschimpft.

Das habe ich jetzt verstanden. Vielleicht ein bisschen spät, aber lieber spät als nie. Jetzt habe ich es wirklich begriffen: Ohne dich wäre ich nicht da.

So gern würde ich nun zu deiner besten Freundin werden. Ich möchte für dich da sein. Ich möchte mit dir sein statt gegen dich.

Aus tiefstem Herzen bitte ich dich aufrichtig um Verzeihung. Ohne dich gäbe es kein mich! Ohne dich könnte ich diesen Brief an mich nicht schreiben.

Du trägst mich durchs Leben! Wir sind nicht getrennt, wir gehören zusammen.

Ich danke dir dafür, dass du mich nie aufgegeben hast. Dass du auf mich gewartet hast, bis ich meine Irrfahrt durch das Meer der Missverständnisse beenden konnte. Nun habe ich Anker gesetzt, bei dir, in mir. Ich bin angekommen in unserem gemeinsamen Hafen der Selbstliebe. Ahoi! Hier bin ich. Wie schön, dass es mich gibt!

Wenn Leidenschaft Leiden schafft

**Es ist ein Missverständnis, zu glauben,
dass wir in einer Beziehung alles
gemeinsam machen müssen.**

Alles zusammen mit meinem Freund machen? Auch Autos tiefer legen, im Verein Seit an Seit Fußballpokale polieren, Rennrad pimpen, Drohnen fliegen … Und er fängt dann zu stricken an und lässt dauernd Maschen fallen, und ich komme zu spät zu einem Auftritt, weil ich auf Knien durchs Wohnzimmer gerobbt bin auf der Suche nach seinen Maschen, und am Ende war das alles nur eine Masche, damit ich zu Hause bleibe? Nein, danke. Zeit zusammen ist super, gerade weil ich auch Zeit allein verbringe.

Wobei allein jetzt eher so ganz allgemein gemeint ist. Denn wenn ich mit meinen Freundinnen was unternehme, sind wir ja in gewisser Weise allein, also für uns, aber doch zusammen. Meine Güte, ist das kompliziert, aber du verstehst sicher, was ich meine, weil wir uns einfach verstehen, du und ich. Wir ziehen ja jetzt schon eine Weile gemeinsam um die Häuser, sprich: durch die Seiten.

Wo war ich stehen geblieben? Ach ja, ich wollte dir erzählen, dass ich trotz besseren Wissens einem Missverständnis aufgesessen bin, und das betrifft die Hobbys. Ich dachte nämlich, es wäre total wichtig, die Hobbys meines jeweiligen Freundes zu teilen – und das waren … nun, ich sag mal, nicht unbedingt die Themen, für die ich mich interessiere. Aber ich liebte diese Jungs und dachte, ich muss sie komplett lieben, von Kopf bis Fuß und von außen nach innen ganz tief rein, also auch in den Hobbykeller ganz tief unten. Ich hielt die Luft an, das kann ich ja ziemlich gut aus meiner Zeit als

Apnoe-Weltmeisterin, und stand dann also in einer Kleb-stoffwolke, weil er zum Beispiel Modellflugzeuge bastelte.

Wenn ich jetzt aufzähle, woran ich alles geschnuppert habe, falle ich auf der Stelle tot um. Beim Schnorcheln bin ich fast ertrunken, beim Klettern wurde mir schlecht, und beim Squashen habe ich mir den Arm gebrochen – warum, so frage ich, warum mussten es immer Sportler sein? Klar weiß ich, warum: Weil du denkst, aus zwei wird eins. Sprich, wenn du aus zwei Halben ein Ganzes machst, schaffst du's auch als Couchpotato zum Sportabzeichen, wenn auch nur mit einem Fünfzig-Prozent-Anteil.

Aber das ist natürlich ein Rechenfehler von wegen zwei Halbe und ein Ganzes. Aus zwei Ichs kann schon ein Wir werden. Aber in diesem Fall bin ich für strikte Diät, seitdem eine Freundin von mir erzählte, was sie und ihr neuer Freund im Schlussverkauf auf die Spitze getrieben hatten: Wir haben uns einen Pullover gekauft.

Brett vorm Kopf

Zum Glück habe ich die Hobbys meiner Freunde überlebt und konnte deshalb eines Tages meinen Mann kennenlernen. Er ist leidenschaftlicher Snowboarder. Da ich, wie gesagt, glaubte, gemeinsame Hobbys seien ein Garant für das große Glück, musste ich mit beziehungsweise rauf. Auf den Berg. Doch mein Körper eignet sich nicht zum Snowboarden. Das merkte ich schon, wenn ich bloß das Brett anschaute.

»Board«, sagte mein Mann. »Es heißt Board.«

»Klar«, nickte ich und lernte brav das dazugehörige Vokabular. Halfpipe und Downhill und Liptrick, was nicht heißt, dass du dir den Lippenstift nicht mehr auf die Zähne schmierst, Doublegrab … Doppelgrab?

Eigentlich hätte ich meine Zeit gern anders verbracht, aber für Mr. Right muss Frau Opfer bringen. Bei meinen kurzen Beinen sollte ich dankbar sein, dass er kein Stabhochspringer ist. Also quälte ich mich mitten in der Nacht, die bei ihm frühmorgens hieß, in die Ausrüstung. »Der frühe Vogel fängt den Wurm«, ertönte es gut gelaunt aus dem Badezimmer. Ich hasste sofort den frühen Vogel, aber noch mehr hasste ich den blöden Wurm. Hätte er am Vorabend mal ordentlich gefeiert, dann könnten wir alle länger schlafen. Kurze Zeit später, denn ich hatte mich echt beeilt, stand ich wie eine in Schweiß statt Öl gebadete Sardine vor dem Spiegel und wollte nur eins: zurück ins Bett. Aber nein, ich musste auf den Berg. Aus Liebe. Ich hasste es.

Aus Liebe wartete mein Mann auf mich und ja, auch auf den Lift, denn wenn ich den Schlepper benutzte, mussten sich alle in der Linie auf Stop-and-Go einstellen. Endlich oben angekommen, wartete er, bis ich mich sortiert hatte. Dann wartete er, bis ich meine erste Kurve gefahren hatte.

»Curve, Spatzerl, das heißt Curve.«

Kurven haben und Kurven fahren sind zweierlei, und Letzteres dauerte, da ich schon wieder im Schnee lag. Der war nass. Und kalt. Scheußlich! Rechts und links bretterten Snowboarder an uns vorbei. Also doch Brett. Am liebsten wäre ich liegen geblieben. Doch ich rappelte mich auf. Ihm zuliebe. Er wartete. Mir zuliebe.

Im neunten Jahr habe ich meinem Mann gebeichtet, dass ich nicht auf der Piste sterben möchte. »Ich kann nicht mehr, ich will nicht mehr, ich hänge das Brett an den Nagel.«

Mein Mann nahm mich in den Arm, drückte mich ganz fest und sagte: »Ich bin so froh, dass du das sagst. Ich habe echt nicht gewusst, wie ich dir das beibringen soll. Ich hatte schlaflose Nächte deswegen, aber ich wollte dir die Freude nicht nehmen. Ich habe doch gesehen, wie du dich reinhängst, aber ganz ehrlich, Spatzerl, ich glaube, das ist einfach nicht dein Sport.«

Wir fahren noch immer gemeinsam in die Berge und freuen uns darauf. Er sich auf die Piste, ich mich auf das Frühstücksbüfett und einen herrlichen Für-mich-Tag in einer Wellnesslandschaft. Dafür stehe ich sogar gern früh auf. Abends treffen wir uns im Whirlpool, bestellen zwei Almdudler oder irgendwas mit Gin und sind sehr glücklich. Miss Verständnis weiß: Gemeinsame Hobbys sind anzustreben, wenn du deine Beziehung doublegraben willst. Oder dich selbst:

Viergeteilt, wie es im Buche steht

»Du hast sie doch nicht mehr alle«, fauche ich meine Freundin an, und sie faucht zurück. Normalerweise fauche ich nicht, aber ich weiß mir nicht mehr anders zu helfen und sie sich auch nicht.

»Das kannst du doch gar nicht beurteilen«, schreit sie mich an. »Wirklich! Ich liebe alte Bücher! Überleg doch mal, wie viel die mitgemacht haben, die haben Kriege überstanden und wurden in so viele Sprachen übersetzt, weil sie so wichtig für die Menschheit sind! Und gegen so ein Buch kannst du dir Aktien in die Haare schmieren. Die stürzen ab. Bücher sind solide, Bücher sind eine Geldanlage, weißt du eigentlich, wie viel so ein Buch wert sein kann?«

»Ach, Resi«, seufze ich und frage mich, warum sie sich keine Gedanken über den Wert ihres eigenen Lebens macht.

Resi wischt sich mit dem zehnten Kleenex über ihre völlig verquollenen Augen. Ihre Hände erinnern an einen Orang-Utan, knallrote Pranken mit der G'schmeidigkeit einer vertrockneten Rosine. Ich sollte an dieser Stelle erwähnen, dass meine Freundin Resi hochgradig stauballergisch ist. Auf einer Skala von eins bis zehn eine glatte zwölf. Seit sie mit Rainer zusammen ist, fährt sie mit ihm jedes Wochenende Händchen haltend auf irgendwelche Antiquariatsmärkte, weil er alte Bücher hortet. Nein, ich korrigiere, weil er Sammler mit Herzblut ist, und mir blutet das Herz auch, weil ich die Resi echt gernhab.

Mal unter uns gefragt: Welcher Mann teilt unsere Hobbys? Drückt voller Leidenschaft Pickel aus, schminkt sich, um vermeintlich besser auszusehen, stöbert in Frauenzeitschriften, um sich danach so richtig schlecht zu fühlen, zwängt sich in eine Stützstrumpfhose, um tanzen zu gehen – so wie ich mich in die Snowboardklamotten und früher den Neoprenanzug, in die Anglerstiefel, in die Motorradkluft.

Liegt das daran, dass wir so verständnisvoll sind, oder eher daran, dass wir wie aus Gummi sind, so gut können wir uns verbiegen. Spagat beherrscht ja praktisch jede Frau. Zwei- und dreiteilen, ein Kinderspiel. Aber mittlerweile vier- und fünfteilen wir uns zwischen Job, Kindern, Haushalt, Beziehung … Hobby … dann doch vielleicht lieber mein eigenes statt dem meines Mannes? Es könnte nämlich sein, dass wir da was falsch verstanden haben, so wie neulich meine Freundin Martina.

Ich machte uns einen Kaffee, da kam Martina aus dem Wohnzimmer in die Küche.

»Geil!«, rief sie.

Ein wenig geschmeichelt drehte ich mich um. Ich war ja selbst ganz verknallt in meine neue Handtasche. Dass sie so prominent auf dem Küchentisch stand, war kein Zufall, hallo, ich kommuniziere eben gern auf Augenhöhe mit Handtaschen. Von denen man nie, nie, ich wiederhole, nie genug haben kann. Wie von Schuhen. Seit einiger Zeit ist das mit der Scherentauglichkeit gar nicht mehr wichtig für mich. Ich kaufe tatsächlich auch Handtaschen ohne Scherenfach für Hosenunfälle.

Ich wollte gerade loslegen und unsere Liebesgeschichte erzählen. Wie ich sie das erste Mal gesehen hatte. Wie ich um sie herumgetigert war, nicht wusste, ob ich mich wirklich nähern durfte, denn sie hatte schon eine ziemlich starke Ausstrahlung, vor allem auf dem Preisschild. Wie ich mir dann ein Herz gefasst habe und sie mal kurz berührte. Wie ich einen Stromstoß bekommen und gewusst habe: Das ist sie. Ja, sie! Wie ich zwar noch einen kurzen Moment an die anderen zu Hause gedacht hatte, dann aber nur noch sie sah … Das alles wollte ich Martina erzählen, die sicher verstehen würde, dass ich gar nicht anders konnte, als sie mitzunehmen. Auch wenn die Kreditkarte sich beim Herausnehmen aus dem Geldbeutel etwas sträubte. Aber letztlich stand sie in dem Laden doch mutterseelenallein, frierend und ungeliebt, ja, ich möchte sogar behaupten: lieblos beleuchtet auf dem Sockel. Wie herzlos kann man denn sein! Das ist nicht schön für eine Handtasche, die ist so was doch gar nicht gewöhnt. Das darf man ihr nicht antun. Handtaschen sind gesellig, wollen unter die Leute. Ach, was schreib ich, die wollen zu mir!

»Echt geil«, wiederholte Martina.

»Ja«, seufzte ich und wollte ihr zeigen, wie das Leder der Handtasche bei unterschiedlichem Lichteinfall changierte.

»Die ist bestimmt selten«, dachte Martina laut.

»Ich war hin und weg«, hauchte ich noch immer ergriffen.

»So eine Marke sieht man nicht oft«, vermutete Martina.

»Kommt drauf an, wo man sich rumtreibt«, kokettierte ich.

Martina räusperte sich. Ihre Stimme zitterte ein bisschen. »Aber sag mal, also ich meine: Die brauchst du doch bestimmt nicht?«

»Na ja, brauchen … also manchmal schon«, erwiderte ich, während mir tatsächlich keine Gelegenheit einfiel. Aber eine solche Handtasche macht auch auf dem Küchentisch eine gute Figur.

»Kann ich sie haben?«, fragte Martina direkt.

»Was?«, rief ich entsetzt.

Da streckte Martina ihre rechte Hand aus. Ich erstarrte. Entführung? Bei aller Freundschaft. Leihen vielleicht, aber schenken, jetzt schon, wo ich sie doch erst seit gestern hatte … In Sekundenbruchteilen überprüfte ich meine Freundschaft zu Martina. Könnte ich …

»Am besten, wir behandeln sie mit Wasserdampf«, schlug Martina vor.

»Was?«, rief ich noch lauter, während sich mein Herzschlag beschleunigte. Das wäre Sachbeschädigung, nein, schlimmer: Körperverletzung. Man konnte die zarte Haut der Handtasche doch keiner solchen Tortur aussetzen!

Martina beruhigte mich: »Das ist total schonend. Ich glaube, dass es die Freiheitsstatue in so einer Farbe nicht oft gibt … oder?« Jetzt hielt Martina sich das Kuvert, das neben meiner Handtasche lag, dicht vor die Augen und scannte die Briefmarke aus den USA. »Wasserdampf«, nickte sie resolut.

»Wasserdampf, ja klar«, wiederholte, nein, schrie ich vor Erleichterung, und eine Gebirgskette fiel mir vom Herzen, und ich wollte sofort wissen: »Raus mit der Sprache. Wie heißt er?«

»Wie, er?«

»Na, da ist doch ein Mann im Spiel.«

Martina legte das Kuvert zurück auf den Tisch. »Mann? Äh, nein. Also nicht direkt. Ich habe Briefmarken schon immer, also auch früher schon total sexy gefunden, irgendwie.«

Meinte sie das ernst? Martina bemühte sich, es mir zu erklären. »Ja also, dass man sie ableckt, und manchmal haben sie so tolle Zacken. Und überhaupt die Größe.«

»Größe?«, wiederholte ich.

»Also, wo die überall schon waren«, stammelte sie weiter. »Überleg doch mal, was die so erlebt haben, du, die kommen ganz schön rum.«

»Name«, blieb ich hartnäckig.

»Und auch vom Charakter ist so 'ne Briefmarke doch total interessant«, fuhr Martina fort, und jetzt merkte ich, dass sie mitspielte. »Stell dir mal vor, du wirst in so einen Postsack gesteckt, und da ist es ganz dunkel, und du weißt nicht, wann du wieder rauskommst oder in welchem Land zum Beispiel.«

»Ja, das ist wie bei einer Handtasche. Die weiß auch nicht, wer sie am Ende mitnimmt.«

Jetzt konnte Martina nicht mehr ernst bleiben.

»Okay, Thomas«, platzte sie heraus.

»Seit wann?«, fragte ich.

»Zwei Wochen.«

»Und er sammelt Briefmarken.«

»Wie kommst du jetzt darauf?«, fragte sie, und dann platzten wir beide heraus.

Im Laufe vieler Jahre haben meine Freundinnen und ich auch viele seltsame Dinge getan.

Wir sind in feuchtkalten Nächten stundenlang schweigend an Flüssen gesessen und haben die ruhige Hand unserer Freunde bewundert, die die Angel hielt. Und sie später getröstet, wenn kein Fisch angebissen hatte – hallo, wir hatten ja immerhin angebissen, was aber irgendwie für selbstverständlich gehalten wurde. Wir haben Opfer gebracht und gelitten, so wie Ulla, die für David für den Triathlon in Roth trainierte, was für eine Asthmatikerin einfach nicht der richtige Sport ist, wie sie feststellte, als ich sie in der Klinik besuchte. Ich habe Golf- und Tennisarme bedauert und Videoclips vom Probetraining auf dem Nürburgring angeschaut, wo junge Männer mit nervös zuckenden Knien im Kreis Motorrad fuhren, oder habe Vorträge zum Beispiel über indigene Völker in Dingsbums gehört, weil der Bumsmuckel einer Freundin dort quasi ehrenamtlich Entwicklungshilfe leistete. Und so weiter und so weiter.

Natürlich kann man Männer als Weiterbildungsmaßnahme betrachten. Aber, liebe Ladys … wir haben doch auch eigene Hobbys! Und wollen wir die Jungs da dabeihaben? Warum also sollen wir unsere Zeit mit ihren Leidenschaften verbringen?

Wenn ich es versuchte, habe ich immer etwas falsch verstanden, zum Beispiel, als ich bei der letzten Fußball-WM ständig auf die Straße spuckte. »Constanze«, sagte mein Mann. »Sie spucken nach körperlicher Anstrengung, nicht beim Einkaufen.«

Aber Shoppen kann sehr anstrengend sein! Und am schönsten ist es nun mal mit einer Freundin, oder? Wieso soll ich mir die Namen von spanischen Fußballern merken oder mich schlecht fühlen, wenn ich sie schon wieder verwechselt habe? Schwarze Haare, muskulöse Beine, sehen alle gleich aus. Mein Mann kann sich Heidi Klums Kandidatinnen auch nicht merken. Blonde Haare, dünne Beine, sehen alle gleich aus.

Wie Martinas Männer ... die sahen auch alle gleich aus. Alle passten in ihr Beuteschema. Ich konnte mir Thomas vom Scheitel bis zur Sohle vorstellen als Klon von Oli, Peter, Chris. Man könnte mich in eine Bar stellen, und ich würde ihn rauspicken. Gott sei Dank hatten wir, was Männer betrifft, einen unterschiedlichen Geschmack. Aber das ist ja normal, denn wenn sich zwei Frauen wirklich befreunden, dann adelt das ihren Geschmack. Idealerweise und klugerweise ändert sich das Beuteschema, falls es davor zu Überlappungen kam. So steht einer dicken Freundschaft nichts im Weg.

Männer mögen kommen und gehen.
Freundinnen bleiben!

Und weißt du, was noch toller ist, als eine beste Freundin zu haben? Nee? Kann ich verstehen, weil das ja wirklich das Allertollste ist. Aber das Allerallerallertollste ist es, wenn du dir selbst deine beste Freundin bist. Wahrscheinlich bist du das sowieso schon. Denn überleg doch mal: Mit wem hängst du die meiste Zeit rum? Wen kennst du am besten? Wem verzeihst du alles?

Du kennst die Antwort!

Das bedeutet, dass du nie wirklich allein bist. Du hast immer dich an deiner Seite oder in deinem Rücken. Du brauchst also nicht unbedingt irgendwelche Kerle, die sowieso nicht zu dir passen oder dich von deinem Weg abbringen. Mrs. Right ist wichtiger als Mr. Right, weil du es mit Mrs. Right

aushältst, bis der Tod euch scheidet. Während Mr. Right …
wie gesagt, sie kommen und gehen …

Mr. Right

Martina war dabei, als ich vor vielen Jahren Martin kennen-
lernte. Ich glaube, es war nach meiner kurzen Beziehung mit
einem Mountainbiker. Ich kann noch heute die Druckstellen
von dem harten Sattel spüren, dabei geschah das vor hundert
Jahren.

Martin war mit seinem Freund Martin in der Bar, ich mit
meiner Freundin Martina, das wussten wir aber noch nicht,
als er mir ins Auge fiel. Ich kniff es ganz schnell zu und
schaute weg, merkte aber, dass ich es nicht mehr richtig
schließen konnte. Das war also mit Liebe auf den ersten Blick
gemeint.

Martina und ich zogen oft und gern um die Häuser. Mittlerweile kam ich überall rein. Musste ich ja auch, denn Foto-
fix-Kabinen waren eine Rarität geworden. Alles stimmte an
diesem Abend. Coole Bar, coole Musik, coole Drinks. Zwischen Martin und mir, uns trennten nur ein paar Meter
Theke, vibrierte die Luft. Wir taten zwar so, als würden wir
uns nicht beachten, führten aber einen schillernden Balztanz
auf. Während er sich röhrend an einem dicken Baumstamm
rieb und sein Geweih in das feuchte Moos stieß, kaute ich
neckisch an einem Strohhalm und wedelte ein wenig mit
meiner Schürze. Nein, nicht kariert, so heißen die süßen
weißen Hinterteile bei Rehen, und das war ich in diesem
Moment, ein schüchternes kleines Rehlein.

Einundzwanzig, zweiundzwanzig, dreiundzwanzig, der erste Blick. Er schaute wieder weg. Einundzwanzig, zweiund-

zwanzig, dreiundzwanzig, vierundzwanzig, fünfundzwanzig. Er lächelte. Ich tat so, als ob. Mein Herz klopfte in meinem Hals. Liebe? Ich nippte mit leicht geöffneten Lippen – das muss man trainieren, sonst rinnen einem die Tropfen ins Dekolleté – an meinem Drink. Meine Zunge fing den letzten Tropfen auf, der langsam an der Lippe herunterperlte. Er prostete mir zu, und ich schlängelte mich vom Barhocker und … Mist! Vor lauter Dahingeschmelze hatte ich mir den ganzen Gin Tonic in den Ausschnitt gekippt. Wie ein begossenes Reh machte ich mich auf den Weg zu den Toiletten, um das klebrige Zeugs wegzuwischen. Da stellte ER sich mir in den Weg und sagte, das musst du dir mal vorstellen, also nicht so irgendeine komische Anmache von wegen, *bist du öfter hier* oder *darf ich dich auf einen Drink einladen* oder *du erinnerst mich an jemanden* oder *bist du zufällig diese Schauspielerin.* Nein, er sagte »Martin« und streckte mir seine Hand entgegen.

Ist das nicht total süß? Leider konnte ich seine Hand nicht schütteln, weil meine ja so klebrig war. Aber ich strahlte wie ein kleiner Heizpilz. Mein Gefühl hatte mich nicht getrogen. Als Frau hat man einfach einen sechsten Sinn. Wir spüren es doch, wenn uns Mr. Right begegnet, immer wieder und wieder habe ich es gespürt.

Am nächsten Morgen lag eine Rose auf meinem Teller, hatte er mitgebracht vom Bäcker, und frische Semmeln, sogar mit Rosinen, woher wusste er das bloß, das war mehr als Zufall, das war Schicksal. Bestimmt würde er, auch wenn wir zusammenwohnten, das Einkaufen übernehmen. Also das von Lebensmitteln. Um andere Sachen, Einrichtungsgegenstände und Klamotten und Schuhe und so Zeug, würde ich mich selbstverständlich kümmern. Wir würden die Hausarbeit gerecht aufteilen. Hörte ich da etwa Hochzeitsglocken? Aber nein, ich war keine siebzehn mehr, ich war cool, ich wusste, dass das nichts bedeutete, auch nicht der wundervolle wie aus einem Honigtopf gefallene Tag, den wir gemeinsam verbrachten, mit Spazierengehen an der Isar und langen Gesprächen. Okay, eigentlich redete nur ich, aber er hörte wirklich zu. Das merkt man doch als Frau, wenn einer an deinen Lippen hängt. Als eine Mutter mit Kinderwagen und Hund vorbeikam, lächelte er ganz sehnsüchtig. Ach, was für ein liebevoller Vater und Tierfreund in ihm steckte. Wir aßen Eis, und als mir die Schokokugel ins Dekolleté fiel, leckte er alles sauber. Er würde auch in unserem gemeinsamen Zuhause die Böden wischen. An der U-Bahn küsste er mich zum Abschied lange und zärtlich, und ich schwebte in den siebten Himmel, während ich die Treppen hinablief.

Jetzt, jetzt, jetzt. Jetzt hatte ich ihn gefunden. Diesmal wirklich und echt und für immer. Meinen Mr. Right!

Die nächsten fünf Stunden verbrachte ich am Telefon und erzählte genüsslich ein Dutzend Mal dieselbe Geschichte. Ich bin es ja gewohnt, lange Texte auswendig zu lernen, und ich konnte sie im exakt selben Wortlaut wiederholen, wobei ich allerdings schon ein bisschen improvisierte, wenn ich schillernd beschrieb, wie er mich über eine Pfütze getragen hatte, ohne eine Atmungsbeschleunigung zu erleiden, wie toll er flache Kiesel übers Wasser flitzen lassen konnte, dass er mal fast Bayerischer Meister im Schwimmen war, dass er ein altes Cabrio hatte, noch dazu in Rot, in das ich hervorragend reinpasste, und, und, und …

Ausnahmsweise hatte er keine komischen Hobbys, er war am liebsten zu Hause und sah fern. Also ein total kluger Mann, einer mit innerer Ruhe und Ausgeglichenheit auf dem Weg zur Erleuchtung, die sich im blauen Licht seines Fernsehers spiegelte. Deshalb war es ja Schicksal, dass wir uns getroffen hatten, weil er so selten ausging, gerade dieses eine Mal hatte sein Freund darauf bestanden, dass er mitkam, und das alles nur, damit wir uns begegneten!

Meine Freundinnen schmolzen mit mir dahin in dem Märchen vom Traumprinzen, und je mehr ich erzählte, desto leuchtender und wunderbarer wurde Martin, den ich mit einem »mein« adelte. Allein der Name! Der heilige Martin, so ein netter, empathischer, sozial intelligenter Mensch, der seinen Mantel mit einem entschlossenen Schwerthieb mit einem Bettler teilte, und das Eis hatte er mir auch spendiert, ohne zu wissen, dass ich es über mein Dekolleté kippen würde und es dann letztlich doch seins würde. Und er hatte die Schokolade ja nicht aus egoistischen Gründen abgeschleckt, nein, er wollte mich von dem klebrigen Gefühl befreien!

»Wann seht ihr euch wieder?«, fragten meine Freundinnen.

»Ach, wir haben gar nichts verabredet«, sagte ich, ohne mir Gedanken zu machen, denn wenn eins klar war, dann, dass wir zusammengehörten, für immer. Und außerdem hatte er meine Telefonnummer. Irgendwie kam mir das alles bekannt vor …

Erster Tag: Cool bleiben. Denn die Regel Nummer eins besagt: Er muss anrufen!

Zweiter Tag: Cool bleiben. Befolgen von Regel Nummer eins.

Dritter Tag: Regel von Tag eins und zwei befolgen.

Vierter Tag: Noch schlimmer. Tag zwei und drei waren die Hölle, deshalb fällt mir für Tag vier kein Wort der Steigerung ein. Sechs Stunden telefonieren mit den Freundinnen und überlegen, woran es liegt, dass er sich nicht meldet. Und weil das keinen Aufschluss bringt, persönliche Treffen mit fundierter Interpretation der unveränderten Tatsachen.

Martina meint, dass er sich melden möchte, aber nicht kann. Sie war ja dabei, sie hat ihn gesehen und wie er mich mit Blicken verschlungen hat. Sie hat die tiefe Erschütterung in seiner Seele hautnah mitbekommen. »Und deshalb«, sagt Martina, »hat er Angst vor dir. Du bist ihm so tief reingefahren, dass er weiß, dass du die Richtige bist, und das wirft ihn völlig aus der Bahn.«

»Aber vor mir muss er doch keine Angst haben!«, seufze ich.

»Hat er aber. Das sind Bindungsängste.«

»Bindungsängste?«, wiederhole ich. Bisher kannte ich nur Bungee-Schisser. Wie gut, dass ich so viele kluge Freundinnen habe!

Ninni meint, dass die Angst von seiner verschlingenden Mutter kommt.

»Verschlingende Mutter?«, frage ich nach.

»Sagt meine Therapeutin.«

»Kennt die den Martin?«

»Nein, aber das ist ganz typisch, dass solche Mütter nicht loslassen können. Typisch für alleinerziehende Frauen.«

»Und du?«

»Was ich?«

»Na, ob du den Martin kennst, wenn deine Therapeutin ihn schon nicht kennt.«

»Nein, woher soll ich ihn kennen?«

»Na, wenn du weißt, dass seine Mutter alleinerziehend war.«

»Du, das ist ganz typisch zurzeit. Alle sind irgendwie Scheidungskinder und haben einen an der Waffel.«

»Äh, du, ich bin auch ein Scheidungskind.«

»Ja, aber du bist 'n Mädchen, wir stecken das weg.«

Mascha glaubt das nicht. Sie meint, ich sei zu sensibel und vielleicht nicht ganz sicher gebunden. Schon wieder Bungee? Wieso glauben die alle, dass Martin so einer ist?

»Wie gebunden?«, frage ich vorsichtshalber nach, denn mein letzter Mr. Right war ein Segler, und den Palstek kann ich heute noch, von der Pike auf habe ich gelernt, dass Pal kein Elch und Stek kein Fleisch ist. Aber dann meint Mascha: »Vielleicht habt ihr einfach keine richtige Verbindung.« Und das glaube ich nicht und beschließe, Mascha aus dem Kreis meiner Abonnentinnen auszuschließen, sie denkt einfach zu verknotet. Allmählich komme ich mir wirklich vor, als hätte ich eine Fortsetzungs-Lovestory zu bieten ... und Babsi ist richtig froh, dass sie mal was anderes hört als ihre Vorlesungen an der Uni.

Babsi glaubt unbedingt, dass ich ein sehr sensibler Mensch bin, der sich viel zu viele Sorgen macht. »Es liegt einfach daran«, erklärt sie mir mitfühlend, »dass der Martin ein sehr ernsthafter Charakter ist. Wie gesagt, er ist eher häuslich und putzt gern und kauft gern ein und kocht gern und ...«

»Woher weißt du das?«

»Na, das hast du doch vorhin erzählt.«

»Stimmt. Nur das mit dem Kochen nicht.«

»Ich bitte dich, wenn einer morgens freiwillig zum Bäcker geht, dann kocht er auch gern.«

Ich nicke nachdenklich. »Stimmt. So habe ich das noch gar nicht gesehen, aber klar, der Zusammenhang leuchtet mir ein.«

Ich falle Babsi um den Hals. »Danke, danke, danke. Ich bin so froh, dass ich dich habe.«

»Solche Menschen wie dein Martin ...«

Ich strahle. *Mein* Martin. Babsi glaubt auch, dass er und ich füreinander bestimmt sind.

»So einer wie dein Martin«, führt sie aus, »bedenkt alles gründlich. Der entscheidet sich nicht hopplahopp, der geht kein Risiko ein, der überlegt sich genau, ob er dich anruft und wann.«

»Jedes Mal?«, zweifle ich nun ein bisschen am heiligen Martin.

»Es könnte durchaus sein«, sagt Babsi, »dass er ein anderes Lebenstempo hat, dass für ihn eine Woche einen solchen Zeitraum bedeutet wie für dich eine Stunde.«

»Aber dann bin ich ja ganz schnell viel älter als er!«, rufe ich entsetzt und spiele mit dem Gedanken, auch Babsi aus meiner Abonnentinnenliste zu streichen.

Was Alex, Vroni, Marion, Verena, Eri, Jessika, Valerie, Caro, Birgitt, Ina, Josefine, Romy und Eva gesagt haben, ist mir gerade entfallen. Aber alle waren sich einig, dass er wollte, aber nicht konnte. Und dass alles gut werden würde, auch wenn wir, was sich bereits deutlich herauskristallisiert hätte, wenn man mal in die Glaskugel geschaut hätte, null zusammenpassten. Aber ich wollte, dass wir zusammenpassen, ganz einfach, weil ich mich schon so oft getäuscht hatte. Irgendwann musste es doch mal klappen!

Aber vielleicht konnte ich gar nichts dafür? Sonja meinte, dass astrologisch gerade viele Störfelder in der Luft lägen. Das schenkte mir einen Geistesblitz. Nachts um zwei, ich kam gerade nach Hause, rief ich bei der Telefon-Störungsstelle an. Belegt. Ich schlug mir mehrere Stunden pechschwarzer Nacht um die Ohren, in denen ich entweder das Belegtzeichen hörte oder den Anrufbeantworter, auf dem ich keine Nachricht hinterlassen konnte, da das Telefon der Störungsstelle lediglich zwischen sieben und siebzehn Uhr besetzt war. Also besetzt im Sinne von frei. Ich versuchte es trotzdem hartnäckig, vielleicht hatte ich Glück, vielleicht ging ein sensibler Mensch durch das Zimmer, in dem das Telefon klingelte, und hörte heraus, wie dringend diese Störung war, und erbarmte sich und hob den Hörer ab. Das geschah in Wirklichkeit um eine Minute nach sieben Uhr morgens. Eine Frauenstimme teilte mir mit, dass es in Schwabing in den letzten vier Tagen keine Störung gegeben habe.

»Ist das sicher?«

»Ja, das ist sicher.«

»Wirklich?«

»Ja.«

»Können Sie vielleicht trotzdem nachsehen? Wissen Sie, es geht …« Ich holte tief Luft und sagte die ganze nackte Wahrheit. »Es geht um Leben und Tod.«

Sie seufzte. Es klang erschöpft. Vielleicht musste sie zu viel Seelsorge leisten, das ist ja quasi dasselbe, etwas ist gestört.

»Bleiben Sie dran. Ich schalte Sie in der Wartezeit zu unserer Umfrage zur Kundenzufriedenheit. Vielleicht wollen Sie daran teilnehmen?«

Als Harmoniemensch wollte ich ihr die Bitte nicht abschlagen. Ich malte kleine Blümchen und Herzchen auf einen Zettel und antwortete brav einer Computerstimme:

Konnte Ihr Anliegen zu Ihrer vollsten Zufriedenheit geklärt werden?

Zufriedenheit? Nein! Denn er hat nicht angerufen, weil er mich nicht erreicht hat, wegen einer Störung!

»Ja.«

Würden Sie unseren Service weiterempfehlen?

Welcher Service? Mädels mit gebrochenem Herzen über Stunden mit Absagen vom Band zu vertrösten? Natürlich kann ich das nicht weiterempfehlen.

»Ja.«

Ich kritzelte mittlerweile Totenköpfe auf den Zettel. Und da fiel es mir wie Schuppen von den Augen. Ich Idiotin! Ich brauche mich nicht zu wundern, wenn er nicht anruft! Ich habe ihm meine Nummer auf einen Zettel geschrieben. So einen kleinen, windigen Zettel. So einen miesen kleinen Zettel von der Art, die nur erfunden wird, um verloren zu gehen. Martin hatte meine Telefonnummer verloren! Ich sah alles ganz deutlich vor mir.

Tag eins: Martin hat den Zettel schon so oft geküsst, dass er ganz knittrig und aufgeweicht ist. Behutsam legt er ihn auf den Tisch, streichelt ihn sanft glatt. Wann ist es endlich neun Uhr, wann kann er die Königin seines Herzens – das bin ich! – anrufen? Zu früh will er nicht mit der Tür ins Haus fallen. Nur noch eine Tasse Kaffee, das ölt die Stimme. Und da passiert es. In der vorfreudigen Aufregung des Wiedersehens stößt er an seine Kaffeetasse, der Kaffee ergießt sich über den Zettel, und nur noch die ersten zwei Ziffern sind lesbar. Und so verbringt er Tag zwei, Tag drei und Tag vier damit, Zahlenkombinationen auszuprobieren, und bestimmt wird mein Telefon gleich klingeln, und selbstverständlich wird er so tun, als wäre das Missgeschick gar nicht passiert, und ich werde auch so tun, als wäre nichts passiert. Hauptsache, er meldet sich, egal ob wir zusammenpassen oder nicht, er ist mein Mr. Right, weil ich mir das so, so, so sehr wünsche.

Der arme Martin. Wie verzweifelt muss er sein nach so vielen Fehlversuchen … so wie ich auch, nach all meinen Mr. Wrong, die ich für Mr. Right hielt.

»Ich dachte, er war bei dir zu Hause und hat dir Rosinensemmeln vom Bäcker geholt?« Die Landung war hart. Aber ich verzieh es Ninni. Wir haben schon Schlimmeres gemeinsam durchgestanden.

»Ja, schon!«, sagte ich. »Aber er hat eine total schlechte Orientierung, und in der Früh war es ja auch noch dunkel.«

»Hast du mal überlegt, in die Bar zu gehen? Idealerweise eine Woche danach. Das macht man so. Ist ein ungeschriebenes Gesetz«, schlug Ninni vor.

»Also, du meinst, an Tag sieben?«

»Ja, nach einer Woche.«

Wie sollte ich das aushalten? Ich beschloss, gleich heute zu gehen, oh, heute war schon morgen, also los.

Tag fünf. Ich betrete die Bar und sehe wunderschön aus. Die Menge teilt sich und gibt den Blick auf Martin frei.

Augenblicklich verstummt die Musik des DJs, Geigenklänge spülen die Luft weich. Die Discokugel dreht sich nur für mich. Alle Mädels in der Bar werfen tiefrote Rosenblütenblätter vor mir auf das Parkett, die Männer klopfen Martin neidvoll und doch anerkennend auf die Schulter. Fair gestehen sie ein, den Kampf um mich verloren zu haben. Und da ist er. Martin. Er stellt sein Glas, natürlich Gin Tonic, auf den Tresen. Ein wenig Flüssigkeit spritzt hoch, genauso wie damals, als ich diesen einen an meiner Lippe entlangrinnenden Tropfen ableckte. Und dann rennt er los. Direkt auf mich zu, die ich in den Rosenblütenblättern stehe, mit einem leuchtenden Herzen. So wie Romy Schneider als Sissi die Schicksalsjahre einer Kaiserin erlebte, erlebe nun ich, Stanzi, meinen Schicksalsmoment. Martin öffnet seine Arme für mich. Ich öffne meine Arme für Martin. In einer innigen Umarmung versinken wir liebend ineinander. Weiße Tauben umflattern die Discokugel, der Himmel öffnet sich, Hochzeitsglocken läuten. Fin.

Das wahre Ende sah anders aus. Ich öffnete die Tür zur Bar. Die Luft war zum Schneiden. Ich drückte und quetschte mich an fremden schwitzenden Leibern vorbei. Tatsächlich, Martin war da. Obwohl es doch erst Tag fünf war und er eigentlich vorm Fernseher hätte sitzen sollen. Mein Prinz. Mein Herz schlug wie verrückt. Ich winkte, er blickte durch mich hindurch. Endlich war ich bei ihm. Strahlte ihn an.

Er nickte mir zu.

»Da bin ich«, sagte ich.

»Was sagst du?«, fragte er.

»Ich bin da«, brüllte ich.

»Seh ich«, brüllte er.

»Du hast doch bestimmt versucht, mich zu erreichen«, wollte ich es ihm einfach machen.

»Was?«

»Du hast wahrscheinlich mal bei mir angerufen?«

»Nö. Wieso?«

»Weil, weil, weil ...«

»Was?«

»Weil wir zusammen sind.«

»Sorry, ich verstehe dich nicht. Es ist so laut hier.«

»Macht nichts.«

Jahre später führe ich solche Gespräche am Handy, und es ist alles viel einfacher, denn Deutschland sendet ins Funkloch, und dann verschluckt es dich eben. Wenn noch was übrig ist von dir ...

Mein Herz zerbrach und rieselte auf den Boden der Bar. Martin hatte mir den Rücken zugedreht. Er war mit einem Kumpel da. Nie, nie, nie im Leben hätte ich es allein geschafft, all die kleinen und großen Stücke meines Herzens zu bergen. Aber meine Freundinnen konnten es, ja, sie kehrten sogar den Herzensstaub zusammen, allen voran Alex und Martina. Ich sehe uns noch auf meinem Sofa sitzen, nur unsere Köpfe schauten aus dem Berg aufgeweichter Papiertaschentücherknödel, die wir gemeinsam in der Trauer um

Martin fabriziert hatten. Immer wieder und wieder wiederholten wir die gleichen Sätze, bis sich in mir alles drehte. Er war einfach nur das Letzte, und deshalb musste ich ihn schnell vergessen. Im Grunde genommen war das damals alles nur Training für mein späteres Leben auf der Bühne, als ich auch immer wieder und wieder Texte wiederholte und Abend für Abend dieselben Szenen spielte. Auf der Bühne sähe sie so aus:

Vorhang geht auf / Ein Wohnzimmersofa, kleines Tischchen, Sofakissen mit Möpsen drauf, zwei leere Gläser / Zwei Frauen sitzen auf einem Sofa nebeneinander / Überall sind Taschentücher verteilt, auf dem Sofa und Boden / Weiches Licht. Frau 1 und Frau 2 im Dialog.

FRAU 1
Er hat also Nein gesagt?
FRAU 2
Nicht direkt.
Frau 1
Also, was hat er gesagt?
FRAU 2
Nichts.

Frau 1 neigt den Kopf ein wenig zur Seite

FRAU 1
Wenn ein Mann nichts sagt, heißt das Nein.
FRAU 2
Und wenn eine Frau Nein sagt, heißt das Ja?
FRAU 1
Nicht mehr. Das war früher so. Heute heißt Nein bei einer Frau auch Nein.

FRAU 2

Aber ich hätte ja Ja gesagt.

FRAU 1

Er hat aber Nein gesagt.

FRAU 2

Nein, er hat nichts gesagt.

FRAU 1

Ja, aber das ist ein Nein. Nimm einfach mal an, er hätte Nein gesagt, denn das hat er ja.

FRAU 2

Nein, das hat er nicht.

FRAU 1

Doch. Er hat mit seinem Verhalten ganz klar Nein gesagt.«

FRAU 2 *(schnippisch)*

Meinetwegen. Aber wenn, dann nur allerhöchstens mit seinem Verhalten. Nehmen wir also dir zuliebe mal an, er hätte Nein gesagt, obwohl ich davon nicht überzeugt bin.

Frau 1 ergreift Hand von Frau 2

FRAU 1 *(mitfühlend)*

Okay. Er hat also Nein gesagt.

FRAU 2

Ja, er hat Nein gesagt.

FRAU 1

Wie genau hat er denn Nein gesagt?

FRAU 2

Nein.

Frau 2 / Übergang Szene 2 / Lichtwechsel

-FIN –

Und im wahren Leben? Frage ich mich, ob in seinem Nein nicht vielleicht doch ein Ja steckte. Ein ver*stecktes*. Genau diese Szene spielte sich in meinem Kopf ab.

Männer tragen keine Handtaschen. Männer wissen nicht, dass es Dinge gibt, die an einem Körper keinen Platz finden, für die es eine Seele oder Handtasche braucht. Männer beschäftigen sich nicht so viel damit, müssen sie auch nicht, denn dazu haben sie ja uns, ihre Frauen.

Wir kümmern uns
um das Seelenheil der Männer.
Und vergessen darüber,
und das ist eines unserer größten Missverständnisse,
uns selbst und unser eigenes Seelenheil.

Denn wenn wir das an die Seelen der Männer kleben, die nicht mal wissen, wie wichtig eine Handtasche ist, dann kann das kein Happy End geben. Wie gesagt: Männer kommen und gehen, die beste Freundin bleibt, und wenn wir uns selbst die beste Freundin sind, kann uns im Leben überhaupt nichts passieren. Klar ist es schön, zu dritt auf dem Sofa zu sitzen und Taschentücher aufzuweichen. Will ich nie, nie, nie missen, ihr lieben Missen! Aber Alex und Martina sind ja irgendwann gegangen, aber nur nach Hause. Nicht wie Mr. Right, der sich in Luft aufgelöst hatte. Weil meine Beine Pfosten waren? Weil ich nicht größer war? Weil, weil, weil? Schluss mit dem Quatsch! Ein für alle Mal! Das verbot mir meine allerallerbeste Freundin. Und sie hat soooo recht!!! Wir brauchen keinen heiligen Martin auf dem weißen Pferd, sondern uns selbst.

Was ich noch gelernt habe: Keine Telefonnummern auf Zettel schreiben. Aber das macht heute ja sowieso keiner mehr. Man tippt sie gleich ein … und genau deshalb wurden Handys erfunden. Letztlich sind sie ein Instrument der Frauenemanzipation. Endlich müssen wir nicht mehr wie Gefangene darauf warten, dass er anruft. Wir sind frei!

Was machen wir damit? Vielleicht mal einen Liebesbrief schreiben?

Liebesbrief an mich selbst

Am Abend setzte ich mich an meinen Lieblingsplatz, schaute eine Weile aus dem Fenster, also okay, es war dunkel, und ja, stimmt, ich blickte eher in mich hinein. Was war das mit der Liebe? Ich dachte über den schweren Weg nach, den ich gegangen war, weil ich es mir leichter hatte machen wollen und es mir immer viel zu schwer gemacht hatte. Was für ein Missverständnis! Und wie lang es gedauert hatte! Ich weiß gar nicht mehr, wie es passiert ist, aber auf einmal hatte ich das Bedürfnis, mir selbst einen Liebesbrief zu schreiben. Immerhin hatte ich es bis zu dieser Erkenntnis geschafft. Ich war mir nicht böse, weil ich so lange gebraucht hatte, ich war glücklich, dass ich es geschafft hatte. Glücklich, weil ich dieses Missverständnis endlich entlarven konnte. Ich holte mir ein Glas Wein und richtig schönes Papier, dickes, und einen Stift, der gut rutschte. Und dann schrieb ich ihn, meinen Liebesbrief an mich selbst.

Und du? Du kannst übrigens auch einen schreiben. Oder mehrere. Hab ich auch gemacht. Im Grunde ist es ganz einfach: Wir brauchen nichts zu verändern.

Ohne dich zu kennen, liebe Miss, möchte ich dir jetzt mal was ganz Wichtiges sagen:

DU BIST SUPER!

Ja, das bist du! Du bist genau richtig, haargenau so, wie du bist. Auch wenn du weiter nach dem Haar in der Suppe fahndest, weil du das so gewöhnt bist. Sorry: Da ist keins! Du bist wunderbar, genau so, wie du bist.

Du musst nichts an dir ändern. Du musst nichts tun, um geliebt zu werden. Du bist liebenswert, genau so, wie du bist, ja, weil du so bist, wie du bist. Und wenn du dir vorstellst, du wärst anders ... wie geschockt wären all die Leute, die dich genau so mögen, wie du bist. Aber all die anderen sind egal. Wichtig ist, dass du dich selbst magst. Dass du dich lieb hast. Damit zeigst du allen anderen, dass du es wert bist, geliebt zu werden. Du zeigst deinen Selbstwert ... zum Verlieben, oder?

Solange du dich nicht selber liebst, so richtig tief und ehrlich und aufrichtig, bist du unfrei und wirst der Liebe im Außen hinterherrennen. Gut, du kannst sagen, ist doch super, das verbraucht Kalorien. Aber wenn du dir immer nur hinterherrennst, wirst du nicht ankommen bei dir.

Auch wenn es dir schwerfällt, lies dir deinen Liebesbrief an dich selbst immer wieder mal durch, und für jedes Mal Lesen gib dir 50 Punkte. Bis du ihn auswendig kannst, weil er sich in dein Herz geschrieben hat und sich Atemzug für Atemzug seine Wahrheit erfüllt. Dann bau ein kleines Schiff aus dem Brief und lass ihn schwimmen, in einem Bächlein oder Fluss.

Pippi Langstrumpf zu Besuch bei Marie Kondo

Es ist ein Missverständnis, zu glauben, dass man haben muss, was alle haben.

Damit werde ich jetzt mal aufräumen, jawohl! Den Martin zum Beispiel habe ich ja dann gar nicht gebraucht. Okay, ich weiß jetzt nicht, ob du scharf auf ihn gewesen wärst, aber dann wäre er sowieso tabu für mich gewesen. Was das betrifft, halte ich total Ordnung. Meine Handtasche, deine Handtasche, mein Schmusekissen, dein Schmusekissen, mein Handy, dein Handy, mein Mann, dein Mann. Und ja, jetzt habe ich einen festen, und er brauchte gar kein Prinz zu sein, denn die sind ja null alltagstauglich, wie frau weiß, und wehe, du wirfst sie aus Versehen mal an die Wand … die Geschichte vom Froschkönig ist bekannt. Die folgende kennst du vielleicht noch nicht.

Die Löwenmama und der Miethai

Wenn ich dir erzähle, dass ich in einem Pippi-Langstrumpf-Haushalt aufgewachsen bin, findest du das wahrscheinlich super, vor allem, falls du in einem Thomas-und-Annika-Haushalt groß geworden bist. Aber für mich war das nicht immer super, denn bei uns war irgendwie nichts wie bei allen anderen. Wir wohnten im obersten Stock eines Mehrfamilienhauses im Herzen von Schwabing zur Miete. Und was für eine Miete für vier Zimmer, drei Kinder, zwei Katzen und eine Löwin! Korrigiere, für eine alleinstehende Löwin mit Namen Mama. Sie hat gekämpft, sehr gekämpft, für uns. Das musste sie vor allem wegen dem Miethai, wie ich aus den Gesprächen der Erwachsenen hörte. Ich stellte ihn mir riesengroß vor, und wenn er das Maul aufriss, konnte er unser ganzes Haus mit einem Happs verschlingen. Der Miethai hatte immer Hunger. Wir auch! Meine Mama war eine Löwenmutter und kämpfte Tag und Nacht für mich und meine Geschwister. Wir wurden immer satt, und abends streichelte und sang sie uns manchmal in den Schlaf. Dann musste sie wieder auf die Jagd, um dem Miethai Geld in den Rachen zu werfen. Andere Kinder im Haus hatten einen Vater, der mit auf die Jagd ging. Zu zweit ist das einfacher. Meine Löwenmama war allein, und sie schaffte es trotzdem, aber eben anders.

Es gab keine richtigen Möbel bei uns, und es gab keinen Alltag. Jeder Tag war anders und eine Herausforderung. Wir hatten keine geregelten Essenszeiten, stattdessen liebevolle Nachrichten mit Herzchen auf dem Tisch: »Bitte trink einen Kakao, bevor du in die Schule gehst.«

Abends, wenn wir Kinder alleine waren, weil Mama als Kulturredakteurin auch nachts oft arbeitete, hieß es nicht: »Guten Appetit«, sondern: »Auf die Plätze, fertig, los!« Wer zuerst kommt, malmt zuerst! Gegessen wurde bei uns schnell, sonst war nichts mehr da. Für mich war das, was ich von zu Hause kannte, normal. Deshalb staunte ich sehr, wenn ich woanders zu Besuch war. Da setzte man sich zum Essen an einen Tisch, alle gleichzeitig. Messer und Gabel lagen neben blitzblanken Tellern, die alle gleich aussahen, und es gab sogar Servietten. Piep, Piep, Piep – guten Appetit.

Man musste nicht ganz schnell alles reinschaufeln, sondern bekam so viel Nachschlag, wie man wollte. Später fläzte man sich auf Sofas und in Sessel, anstatt auf dem Boden zu lümmeln. Es gab Schränke, viele, viele Schränke, sogar für Schuhe und Handtücher und Spielsachen und Schubladen für Krimskrams, wobei Krimskrams doch eigentlich genau das war, was nirgendwohin gehört, deshalb hieß es doch so. Alles war total ordentlich und die Sofakissen per Handkante in die richtige Fasson geschlagen. Meine Mutter hatte keine Zeit für so ein Trockentraining. Sie brauchte ihre Handkanten und Ellbogen für den täglichen Existenzkampf. Der Miethai hingegen wurde immer fetter und fetter, und eines Tages verschlang er eine ganze Versicherung oder sie ihn, so richtig habe ich das nicht begriffen, aber es nutzte uns nichts, weil es noch mal eine Mieterhöhung gab und meine Mama noch eiserner sparen musste.

Das wussten unsere Freunde natürlich nicht. Die fanden es bei uns total super und wollten gar nicht mehr weg. Bei uns gab es völlig ungeniert eine Wienerwurst in die Hand, wie an der Fleischtheke. Wer braucht schon Teller. Dass die Wiener im Glas wuchsen anstatt in der Metzgerei, weil billiger, störte keinen. Alle fanden das selbst gebaute Baumhaus in unserem Flur super, einen Garten hatten wir ja nicht. Manche meiner Spielkameraden hatten einen, aber in einem Garten wächst nicht automatisch ein Baumhaus wie in einem Schraubglas eine Wienerwurst. Im Türrahmen zu meinem Zimmer hing eine Schaukel. Als Sitzmöbel diente mir ein Schlitten auf einem flauschigen weißen Schneeteppich. Die Wände waren bunt bemalt, weil meine ältere Schwester Kunst an der Akademie studierte und natürlich Hausaufgaben machen musste. Im Zimmer meines Bruders hing ein Boxsack, und die Katzen rasten im Slalom um die Bücherstapel, die wie antike Säulen überall herumstanden und manchmal über Nacht aus dem Boden schossen, denn meine Mama musste beruflich sehr viel lesen.

»Warum habt ihr keine Bücherregale?«, wurden wir gefragt.

»Weil wir sonst keine Labyrinthe für die Katzen bauen könnten.«

Meistens wussten wir die Antwort, warum es bei uns nicht gab, was sonst überall Usus war. Und wenn wir es nicht wussten, sagten wir: »Darum.« Blöde Frage aber auch, denn auf ein Warum, das wusste doch wohl jeder, folgt immer ein Darum! Ich fragte schließlich auch nicht nach dem Zweck all dieser seltsamen Dinge bei meinen Freundinnen und Freunden. Denn so ein Schrank war ja auch ganz schön umständlich. Wieso sollte man ihn schließen, wenn man ihn gleich wieder öffnete? Und wieso musste man die Kleiderstangen, die bei uns frei hingen, einsperren? Die Küchen bei den anderen gefielen mir jedoch sehr, hübsch wie in einem Puppenhaus, bloß riesig. Alles aus einem Stück mit Arbeitsplatte und Einbauherd und Abzugshaube! Bei uns gab es bunt zusammengewürfelte Einzelteile und einen Resopaltisch mit vier verschiedenen Stühlen, alles vom Flohmarkt oder geschenkt, und einen Vorkriegskühlschrank, aber immerhin schon mit Strom. Freunde meiner Mutter hatten einen Kühlschrank aus den USA, der konnte Eiswürfel kotzen, also das ist jetzt nicht meine Wortwahl, das haben die immer gesagt: Kotz mal Eiswürfel. Das fand ich richtig cool.

Es war immer sehr sauber bei uns. Aber eben nicht ordentlich, deshalb weiß ich auch absolut sicher, dass Chaos sauber und Ordnung schmutzig sein kann. Was ich allerdings viele Jahre nicht wusste, ist, dass Ordnung außen und innen miteinander korrespondieren. Künstlerinnen zum Beispiel dürfen chaotisch sein, das nennt man dann kreativ. Professoren sind auch chaotisch, ihre Verspätung ist, im Gegensatz zu der normaler Leute, bei der sie unhöflich genannt wird, akademisch, und sie gelten als zerstreut, was bei ihnen ein Prädikat ist, keine Konzentrationsschwäche wie bei normalen Leuten. Chaotische Professoren würde man eher in der Chaosforschung verorten, und zerstreute Künstlerinnen vergessen ihren Text, was schon wieder ein Vorurteil ist. Natürlich kann jemand, der zerstreut ist, ein sehr gutes Gedächtnis haben, ja, das muss er sogar. Ein viel besseres als ein ordentlicher Mensch, der nicht zu überlegen braucht, wo er was hingelegt hat, wann er wo sein soll. Und sich dann womöglich auch noch ein schlechtes Gewissen einredet.

Ganz falsch, Ladys! Wer ständig Zeug verlegt, baut vor: Letztlich ist das doch bloß Gedächtnistraining für Leute wie mich, die mit Zahlen auf Kriegsfuß stehen und ohne Sudoku lebensfähig sind. Sudoku ist ein Fremdwort für dich? Kommt aus Japan wie Marie Kondo. Ordnung war viele Jahre ein Fremdwort für mich. Aber verpasste ich damit nicht die Hälfte? Obwohl ich doch mindestens immer aufs Ganze gehe?

Ordnung ist das halbe Leben

Ich bin definitiv in der anderen Hälfte aufgewachsen. Was Hänschen lernt, verlernt Hans nimmermehr. Keine Frage, dass ich die Heldin meiner Kindheit bis heute feiere. Pippi Langstrumpf hat noch immer einen festen Platz in meinem inneren kleinen Chaos. Ja, merkst du es? Sie hat einen *festen* Platz, schwirrt nicht irgendwo herum, mal hier, mal da. Ich hab sie aufgeräumt in meine kunterbunte Villa. Und das fühlt sich richtig gut an. Früher ging bei mir alles Kraut und Rüben durcheinander, in meinem Kopf, in meinem Herzen und in meiner Wohnung und vor allem mit Briefen von Ämtern. Ich hatte einfach keine Schublade für die, und so steckte ich sie mal hierhin und mal dorthin und vergaß sie, und das wurde dann manchmal teuer.

Auch in meinem beruflichen Lebenslauf fehlte die Ordnung, mich interessierte einfach zu viel, und ich sprang von hier nach dort und weiter. Denn ich war einem riesengroßen Missverständnis aufgesessen. Ich dachte, Ordnung sei langweilig. Ordnung sei was für Spießer. Ich dachte, ich lebe die bessere Hälfte. Heute lebe ich beide Hälften, und dabei hat mir eine kleine Japanerin geholfen, so groß wie ich in Zentimetern, die mega rauskam, und raus wollte ich auch. Also aus der Unordnung.

Marie Kondo ist eine aufräumwütige junge Mutter aus Fernost, und wenn du sie nicht kennst, wikipediae ich sie mal schnell für dich, total ordentlich mit Quelle: »Marie Kondō ist eine japanische Beraterin und Bestsellerautorin, deren drei Bücher in siebenundzwanzig Sprachen übersetzt und weltweit sieben Millionen Mal verkauft wurden.«

Wenn das meine Löwenmama gewusst hätte, sie hätte von zu Hause aus den Miethai besiegt. Warum ist Marie Kondos Konto so dick? Weil Aufräumen glücklich macht! Weil man mit sich selbst im Reinen ist, wenn es außenrum rein ist. Während ich das schreibe, spüre ich schon, wie das Verlangen in mir hochsteigt: Ich will rein sein! Ich sehne mich nach innerem Frieden und Ordnung! Denn ich gehöre ja blöderweise zur Post-Lenor-Generation. Ich hatte es nicht so leicht wie die Frauen vor mir, die nicht hart arbeiten mussten für ihre Ordnung. Sie kippten einfach ein wenig Weichspüler in den letzten Waschgang, und alle hatten sie lieb. Das glaubst du mir nicht? Dann sieh selbst: https://www.youtube.com/watch?v=lyh9fb9mEKQ

Heute ist das nicht mehr so einfach, Weichspüler in die Wäsche sind out, denn es geht doch nicht um die Wäsche, es geht um das innere Wachstum, und nur wer runterkommt, kommt rauf, nur wer achtsam ist, kriegt … zehn Punkte: Wenn du dreimal bewusst atmest. Merkst du schon was? Fühlt sich alles doch gleich viel aufgeräumter in dir an, oder?

Leider genügt Atmen allein bei mir im Haushalt nicht. Wie toll wäre das denn! Tief ein und eins, zwei, drei – alles rein! Schnappatmung ade, Bad und WC okee. Da ich mich in jedes Gebiet voller Feuereifer hineinstürze, übertrieb ich es auch beim Aufräumen.

Die Wahl der Qual

Friedlich schlafend – was für ein reines Gewissen musste er haben – lag mein Mann neben mir, während ich auf meinem Pad die Aufräumkönigin dabei beobachtete, wie sie verplanten Menschen in Not zeigte, wie sie aufräumen sollten. Not bedeutet laut Marie Kondo, dass durch Chaos und Unordnung der Spiegel von der Seele gerutscht ist, in dem wir uns selbst sehen. Wir halten fest: Ordnung ist nicht nur das halbe Leben, sondern auch noch ein Spieglein, Spieglein an der Wand, wer ist die Reinste im ganzen Land. Und ach, da schwebt sogar der Erzengel Ariel vorbei, im Schlepptau Clementine. Hat der sich verflogen, oder habe ich vor lauter Weichspülen eine Linsentrübung?

Nein, ich hatte keine Ahnung. Eigentlich fand ich, Banausin, die ich war, es vor meiner Bekanntschaft mit Marie Kondo recht aufgeräumt bei mir, ja, ich hatte sogar Schränke. Doch Schränke sind letztlich nur Ablenkungsmanöver davon, dass du viel zu viel hast. Also ich. Du vermutlich auch.

Nach Schätzungen hatten wir vor hundert Jahren in Deutschland pro Haushalt durchschnittlich zweihundert Gegenstände, heute sind es im Schnitt zehntausend. Somit steht eine Trennung ins Haus. Aber um zu wissen, wovon, musst du herausfinden, was du hast. Ich nutzte eine Woche allein zu Haus, um den Inhalt der Schränke auf Betten und Sofas zu legen, auszukippen, am Schluss nur noch zu werfen. Holla, war das viel. Da war kein Platz mehr für mich. Schlief ich eben auf dem Boden, aus Solidarität, erzählte ich am Telefon, schließlich war mein Mann mit seinem Kumpel beim Wandern, und sie hatten auch nur ein Zelt und Schlafsäcke dabei.

Aber dann ist es aus dem Ruder gelaufen; bei mir läuft immer gleich alles aus dem Ruder. Es war ein brüllend heißer Sommer, und ich blieb im Haus, weil ich mich doch ständig verabschieden musste. Häufig sogar von Dingen, von denen ich gar nicht wusste, dass sie mir gehörten. Und davor musste ich sie erst mal finden. Das war manchmal nicht so einfach, denn ich lernte die Sachen ja quasi jetzt erst kennen. Ich hatte noch gar keine Beziehung zu ihnen aufgebaut, und es ist schon auch interessant, wenn man eine Beziehung zu einem Kuchenblech, gehäkelten Topflappen oder einer Tabakdose aufbaut. Und das dauert! Ich führte ja Einzelgespräche, schön achtsam, nichts von wegen Gruppensitzung. Ich erzählte, wer ich bin, während ich Körperkontakt aufbaute. Marie Kondo sagt nämlich, dass es ganz wichtig ist, jedes einzelne Teil in die Hand zu nehmen und reinzuspüren, um dann entscheiden zu können: Ist das wichtig für mich? Das fand ich im Prinzip gut. Aber konnte ich das in so kurzer Zeit feststellen? Das Teil und ich, wir hatten uns doch gerade erst kennengelernt, und der erste Eindruck kann trügen, das ist bekannt. Ich könnte Fehler begehen, unwiderrufliche Fehler, wenn ich etwas wegwarf, was ich in Wirklichkeit wahnsinnig dringend brauchen würde, irgendwann einmal. Wie sollte ich jetzt wissen, was ich in der Zukunft benötige? Und in einer noch weiterer Zukunft könnte ich merken, dass die Schuhe, die ich in meiner Vergangenheit weggeworfen hatte, weil sie nicht in meine Gegenwart passten, nun in meiner Zukunft eine Hauptrolle hätten spielen können. Oder es könnte wichtig werden, das weiß ich doch heute noch nicht, und wenn ich es wegwerfe, kann es nicht mehr wichtig werden, weil es dann nicht mehr da ist. Wie bitte schön sollte ich das T-Shirt wegwerfen, in dem ich das erste Mal auf der Bühne stand? Gegen meine hochkomplexen Wahrscheinlichkeitsrechnungen mit mehreren Unbekannten ist Sudoku das kleine Einmaleins.

Marie Kondo sagt, ich soll mich bei dem Gegenstand bedanken und ihn dann weggeben, verschenken, spenden. Ob es dann leichter wird? Ich sage zu dem Pullover: Lieber Pulli, vielen Dank, dass du mit mir damals ... und dann sehe ich uns vor mir. Ihn und mich und den stotternden Studenten, ich weiß nicht, warum ich mich in den so verkuckt hatte, der tat mir nicht gut, aus Liebe fing ich damals sogar zu stottern an. Wenn ich den Pulli jetzt wegwerfen würde, würde ich womöglich den Studenten löschen, das konnte ich doch nicht tun, das wäre Mord! Denn er klebte sozusagen an dem Pulli, und wenn der Pulli weg wäre und ich mich nicht mehr an ihn erinnern würde ... wo wäre er dann? Das wäre doch grausam!

Genauso bei meiner ersten Stretch-Jeans, bei der ich mich getraut hatte, die Schere zu Hause zu lassen. Ich meine, das sind Meilensteine in meinem Leben! Ich hatte noch einen weiten Weg vor mir, das wurde mir jetzt klar.

Deckel drauf!

Staffel 3 Folge 7. Ich ertappe mich dabei, andere Menschen für ihre Unordnung zu verurteilen. Was mich selbst betrifft, habe ich nun keine Skrupel mehr. Ich bin die Weggeb-Queen. Wann immer ich das Haus verlasse, schleppe ich Tüten voller Zeug, das ich in Sammelcontainer werfe oder verschenke. Ich selbst habe mich mittlerweile bis in die Küche vorgearbeitet. Ganz schlimm. Katastrophengebiet sozusagen. Kein Wunder, dass ich seelisch ein wenig aus dem Tritt geraten bin. Bei so viel Tupperware kann das Chi ja nicht fließen.

Schließlich mein aktueller Kleiderschrank. Extra aufgehoben bis zum Schluss. Die Krönung der Katastrophe, jawohl. Draußen hat es 38 Grad, wie gut, dass ich drinnen bin. Vor mir auf dem Bett der Fudschijama, kannst du jetzt selber googeln. Ein Berg aus Klamotten. Mir wird leicht schwindelig, denn ich habe Höhenangst.

Mein Mann steht eine Weile im Türrahmen und sieht mir zu, wie ich schwanke. Er weiß, dass er jetzt besser nichts sagt. Ich bin noch in der Phase, in der ich keinen Widerspruch an meiner Neuentdeckung vertrage. Er wirft mir einen mitfühlenden Blick zu, bevor er sich in den Biergarten aufmacht, um Freunde zu treffen. Ein letztes Mal noch fragt er mich: »Und du bist wirklich sicher, dass du nicht mitkommen willst?«

Ja, ich bin sicher, ich opfere mich, auch für ihn, und das sage ich ihm auch: »Ich tue das für uns. Du wirst sehen, wie viel besser es dir gehen wird.«

»So wie nach den Chiasamen und den Gartenkugeln und dem verstellbaren Nackenkissen und dem Heilfasten?«, fragt er.

Ich spare mir eine Antwort. Wenn er nicht merkt, wie viel besser es ihm geht, weil ich mich ständig darum kümmere, dass er merkt, wie schlecht es ihm vorher gegangen ist, dann kann ich ihm jetzt auch nicht helfen.

Die nächsten vier Wochen sind hart. Mein Mann zieht in den Biergarten. Zimmer für Zimmer reiße ich alles raus, was ich im ersten, schlampigen Durchgang übersehen habe, nehme jede Klamotte und jeden einzelnen Gegenstand abermals in meine Hand. Spüre in mich hinein, brauche ich das wirklich, wann habe ich es das letzte Mal benutzt, getragen, versteckt, verräumt?

Was ich behalten will, lege ich liebevoll in eine Schachtel, die ich in den Schrank stelle. Bei den Sachen, die ich nicht mehr brauche, bedanke ich mich ganz freundlich und gebe sie weg. Mir fällt auf, dass vor allem Besitztümer meines Mannes dabei sind. In meinem Bereich war ich ja schon recht fleißig. Was er aber gar nicht merkt, da er im Biergarten wohnt. Selber schuld. Und besser so, denn in unserer Wohnung stapeln sich Kistchen, Schachteln, Körbchen. Ich bin überrascht, dass es bei Ikea leere Schachteln zu kaufen gibt. Acht Stück ohne Deckel nach Kondo, lustig, Marie Kondo heißt im Schwedischen auch so, ich hätte erwartet, dass man sie dort KÖNDÖ nennt. Ich staple sechs Einheiten Schachteln zum Einzelpreis von 5,99 Euro in meinen leeren Einkaufswagen. Ich bin wegen achtundvierzig leeren Schachteln einhundertundvier Kilometer hin und zurück zu Ikea gefahren!

»Weiß ohne Deckel! Bekommt man sonst nirgendwo, echt«, schreie ich ins Handy, als mein Mann mich fragt, wo ich stecke. »Bei Ikea.«

»Du hast doch nicht mehr alle Tassen im Schrank.«

»Stimmt, warst du schon in der Küche?«

Er war nur kurz zu Hause, hat gesehen, dass sich das Chaos noch nicht verändert hat …

»Welches Chaos?«, rufe ich.

»Na, wie es bei uns aussieht!«

»So ordentlich war es noch nie.«

»Ich gehe lieber wieder zurück in den Biergarten.«

»Von mir aus«, sage ich. Ich ziehe das durch, erbarmungslos bis zum letzten Kondo, Om.

Glücklich und zufrieden, wenn auch zutiefst erschöpft, finde ich mich Anfang Herbst auf unserem blitzblank leeren Sofa wieder. Ich hatte vergessen, wie der Bezug aussieht, und es kommt mir vor wie neu.

»Wo ist eigentlich …«, ruft mein Mann. »Wo sind eigentlich …« Und: »Hast du meinen Dingsbums gesehen?«

Ich fühle mich bestätigt in meinem Durchhaltevermögen. Hätte er mitgemacht, wüsste er jetzt, wo die Sachen sind. So muss er ständig meine Kisten öffnen. Er verspricht mir aber, keine Unordnung zu hinterlassen, sondern die Kondo'schen Gesetze zu beherzigen, aber ich höre ihn doch wühlen. Ich verstöpsle mir die Ohren. Ich habe keine Kraft, noch mal von vorne zu beginnen. In mir macht sich eine totale Leere breit. Aha, denke ich. Das ist es jetzt, das Gefühl von Achtsamkeit, Gelassenheit und innerer Ruhe, von dem alle schwärmen und weswegen ich das alles auf mich genommen habe. Aber ich weiß nicht, ob es vom Aufräumen kommt oder von meiner Erschöpfung nach dieser wochenlangen Tortur.

Zur Erholung gehe ich ein bisschen shoppen, weil ich ja praktisch nichts mehr habe, und wie soll ich weiter auf dem Kondo'schen Pfad wandeln, wenn ich langfristig nichts mehr besitze, was ich aussortieren kann?

Werde ich rückfällig?

Ich hatte so viele Schachteln.

Die weißen Schachteln sahen alle gleich aus. Schachtel in Weiß. Bald wusste ich nicht mehr, was in welcher Schachtel war. Mein Mann bekam eine Schachtelallergie. Es waren sehr schlimme Zeiten. Irgendwann war ich kurz vor Schachtel matt. Und was machen wir in so einer Situation, Ladys? Wir fahren zu unserer Mutter.

»Mama«, frage ich sie. »Mama, wie geht das ohne Schrank?«

»Mit Schachteln«, sagte sie.

Da bestätigte sich, was ich schon immer wusste: Meine Mutter war ihrer Zeit weit voraus. Schade, dass es damals noch kein Internet gab, sonst wäre sie vielleicht zur Schachtelkönigin geworden. Andererseits, als meine Mama ist sie mir lieber!

»Ich hätte damals gar nicht die Zeit gehabt«, sagte sie zu mir, »mich um jeden neuesten Trend zu kümmern. Ich war von morgens bis abends am Rennen, um Geld zu verdienen für dich und deine Geschwister.«

Ich nahm sie in den Arm und drückte sie. »Das hast du alles super gemacht, Mama.«

Und später dachte ich, dass nicht alles, was gerade in ist, auch wirklich das Richtige für mich ist. Mein Mann hat schon recht, ich bin wirklich sehr empfänglich für Strömungen aller Art, die mich dann aber manchmal eher von mir weg- als zu mir hintreiben. Nur weil alle was machen, muss es ja nicht das Beste für mich sein. Ich hatte es einfach übertrieben. Ich hatte nur noch Schachteln in Schachteln, in meinen Schränken und in Schubladen weitere Schachteln über Schachteln, mein Leben war verschachtelt.

Da sprang mich eine Erkenntnis an. Kennt ihr den Schachtelteufel? Ich hatte es wohl mal wieder übertrieben. Ja, ja, ja:

Es ist wichtig, sich im Leben von unwichtigen Dingen zu trennen. Aber man kann auch übers Ziel hinausschießen, und das hat die wunderbare Marie Kondo ganz gewiss nicht so gemeint. Heute weiß ich: Je mehr ich aussortiert habe, umso mehr Platz schaffe ich für das Wesentliche. Und darum geht es doch!

Es gibt seither für mich *eine* Ordnung und *meine* Ordnung. Und das fühlt sich sehr gut an, und ich finde alles. Und wenn ich mal was nicht finde, so finde ich, geht das auch in Ordnung.

Auf den Hund gekommen

**Es ist ein Missverständnis, zu glauben,
ohne eigene Kinder könne man
nicht glücklich werden.**

Plötzlich waren dicke Bäuche nichts Schlimmes mehr, sondern ein Must-have. Ich war von Schwangeren geradezu umzingelt, und sie beschworen mich, dass ich mitmachen sollte. Sonst würde ich das größte Glück im Leben verpassen, und wenn nicht jetzt, wann dann? Auch meine biologische Uhr würde ticken … apropos ticken, hormonell waren meine Freundinnen in völlig anderen Umständen. Kaum tauchte ein Kinderwagen auf, schossen sie drauf zu: O mein Gott, wie süß!

»O der ist ja zum Anbeißen«, entfuhr es mir schon auch, nur nahm ich Kurs auf den Dackel neben dem Kinderwagen.

Das erste Mal Muttergefühle hatte ich bei *Men in Black,* es war Liebe auf den ersten Blick. Auf fünfundzwanzig Meter Vollbildmodus: Frank, der hässlichste Mops der Welt. Während das ganze Kino vor Ekel kreischte, schwoll mir die Brust vor Glück. Loriot hat es schon immer gewusst: Ein Leben ohne Mops ist möglich, aber sinnlos!

Aha, das ist also euer Kind-Ersatz? Marion und Matthias schauten uns mitleidig an, während sie stolz ihren frisch ausgelieferten Malte im Buggy vor sich herschoben.

Nein, kein Ersatz, Absicht! Ich fand es toll, wenn Paul Porsche, unser erster Mops, pupste, genauso toll, wie sich meine Freundinnen über die vollen Windeln ihrer Babys freuten: Hast du ein feines Stinki gemacht. Und irgendwann würde ich mich auch mal über Kindspech freuen. Kurioser Name für die erste geglückte Verdauung eines neugeborenen Menschleins, oder?

Als ich später erfuhr, dass die Sache mit dem Kind in meinem Fall nicht so einfach ist, war ich sehr, sehr froh, dass das kein Drama für mich war. Ich bin Mary Poppins, die beste Tante der Welt, im Kreise von vielen Nichten und Neffen und Freundinnenkindern, und vor allem bin ich nun Bruno Opels Mama! So heißt unser zweiter Mops; Paul Porsche hat sich nach zwei Jahren derrennt, wie man in Bayern sagt, und aus Sicherheitsgründen haben wir bei seinem Nachfolger ein paar PS aus dem Namen gedrosselt.

Manche meiner Freundinnen legten währenddessen noch ein paar PS drauf bei der Suche nach Mr. Right. Denn eine Familie sollte es schon werden, keine alleinerziehende Mutter, wobei nicht selten das, was als Familie begann, als alleinerziehende Mutter endete.

Eigentlich hat die Natur alles ganz wunderbar geregelt. Wenn man keine eigenen Kinder hat, weiß man auch nicht, wie sich das anfühlt. Kaum zu Eltern geworden, kann man sich nicht mehr vorstellen, dieses Gefühl zu missen.

Was ich total wichtig finde, Ladys, ist, dass wir unsere Entscheidungen gegenseitig respektieren und akzeptieren. Ich weiß noch, wie eine Bekannte von mir, die gerade schwanger war, meinem Mann im Brustton der Überzeugung erklärte, dass ich ihn verlassen würde, wenn er keine Kinder wollte. Während ich danach achselzuckend »Hormone« sagte, nahm er sich das wirklich zu Herzen. Gerade so, als würde ein Kind der Beweis für seine Liebe sein.

Und genau darin liegt das Problem: Wenn wir Kindern aufbürden, dass sie bezeugen sollen, wie perfekt unsere Beziehung ist. Die Wirklichkeit sieht doch so aus, dass es keine größere Herausforderung für eine Beziehung gibt als ein

Kind, das die ersten drei Jahre vollste Aufmerksamkeit einfordert. Da ist nicht mehr viel Platz für Romantik und Kerzenlicht und du und ich und Rosarot. Da geht es um Milch abpumpen, Stoff- oder Plastikwindeln, Kita-Stress, und leider fühlen sich viele Mütter zu Hebammen für andere Frauen berufen, die unbedingt auch Kinder kriegen sollen. Was das betrifft, habe ich echt gruselige Geschichten von Freundinnen gehört, die das Ganze sogar Krieg im Sandkasten nannten. Es gibt aber nicht nur den Krieg der Mütter gegen die Nichtmütter, es gibt auch den Krieg der nicht berufstätigen Mütter gegen die berufstätigen Mütter und den Krieg der ganztags berufstätigen Mütter gegen die halbtags berufstätigen Mütter und, ganz wichtig, den Krieg der alleinerziehenden Mütter gegen die Mütter mit Mann.

Und dann gibt es noch jede Menge kleiner Kriege. Den der Stillmütter gegen die Flaschenmütter, der Fertigkostmütter gegen die Kochbackmütter, der Alternativschulmütter gegen die Normalschulmütter. Den der Mütter, die ihre Eltern für die Kinderversorgung engagieren, gegen die Mütter, die ihre Eltern bewusst ausschließen, den der Einzelkindmütter gegen die Mehrkindmütter, den Krieg der Computerpadsmütter gegen die Bauklötzemütter, und so weiter und so weiter. Gemeinsam ist all diesen Kriegen, dass sie mit unbarmherziger Härte und gnadenloser Intoleranz von verunsicherten Statistinnen geführt werden. Gemeinsam ist ihnen auch, dass es weder Siegerinnen noch Besiegte noch Frieden gibt.

Wenn man über andere urteilt, fühlt man sich vielleicht in diesem Moment vermeintlich besser, aber jede von uns hat ihr eigenes Leben. Wäre es da nicht klug, sich damit zu arrangieren, das Schöne zu sehen und voneinander zu lernen? Und dann kehren wir alle wieder zurück in unsere eigenen

Leben und freuen uns an der Vielfalt. Wär doch langweilig, wenn es überall gleich wäre!

Kuck mal, die Stanzi, die hat keine Kinder, wie macht sie das, ist das okay für sie? Fehlt ihr was?

Ach, lieb, dass du fragst. Nein, bei mir hat es nicht sein sollen, und es fehlt auch nichts, es ist so, wie es ist, und zum Glück gibt es ja Freunde auf vier Pfoten.

In meiner mopslosen Vergangenheit lebte ich mit Katzen, Katzen und noch mehr Katzen. Ich will hier überhaupt gar nichts gegen Katzen sagen. Sie sind unglaublich niedlich, flauschig, weich, sauber, königlich und ja, manche neigen zur Autokratie, da stecken schon die Krallen drin, die sie in mein Leben schlugen. Gleichberechtigung? Pustekuchen! Ich wurde auf die niederen Ränge verwiesen, erledigte Dienstbotenaufgaben, mutierte zum Tür- und Dosenöffner. Gestreichelt oder geschmust wurde grundsätzlich nur, wenn ihre Majestät Katze das wünschte. Wehe, wenn nicht. So schnell, wie sie die Krallen ausfuhr, konnte ich gar nicht schauen. Wie oft habe ich eine gelatzt bekommen, wenn Madame etwas nicht taugte.

Ist euch schon mal aufgefallen, dass Frauen gern mit Katzen verglichen werden? Meistens ist das positiv gemeint. Während der Kater … nun, lassen wir das. Was ich damit sagen will, ist, dass wir von Katzen sehr viel lernen können. Sie sind sozusagen das Zielbild mit ihrem unendlichen Selbstbewusstsein, ihrer Unabhängigkeit und Eigenständigkeit. Erinnerst du dich an *Fake it, till you make it* von der Punkteliste? Ich habe mich in manchen Situationen zur Katze gefakt und bin dann mit dieser Einstellung in ein Gespräch gegangen … und meistens verlief es zu meinen Gunsten. Einer Katze widerspricht man nicht!

Ich habe mich letztlich dann aber doch nicht für eine weitere Katze entschieden, sondern für einen Mops. Der übrigens ebenso majestätisch ist. Möpse kommen ursprünglich aus China, 1000 vor Christus soll es die ersten gegeben haben. Sie lebten dort am Hofe des Kaisers! Hätte nicht vor ein paar Hundert Jahren Königin Elizabeth I. einen Mops nach England geholt, von wo aus er sich über die ganze Welt verbreitete, dann wäre er wohl nie ein Filmstar geworden. Und ich hätte im Kino nicht angefangen zu kreischen vor Begeisterung! Wie schrecklich wäre mein Leben verlaufen! Womöglich hätte ich mich drin verlaufen, denn Möpse sind Hunde, und Hunde haben eine feine Nase und lotsen uns nach Hause.

Ob das mit dem Mops letztlich daran lag, dass man mich als Kind Mopsi nannte, oder ob ich immer schon ein wenig durchs Leben gemoppelt bin, kann ich nicht sagen, ist mir auch wurscht. Was ich aber sicher weiß, ist, dass ich mich meistens mopsfidel fühle, und Gleich und Gleich gesellt sich gern.

Als unser Paul Porsche ins Haus kam, musste ich erst mal umlernen, denn ein Hund ist keine Katze, und ein Mops ist ja wie gesagt auch kein Hund im engeren Sinne. Vom ersten Moment an hatte ich Milcheinschuss, und auch bei meinem Mann schwoll die Brust in elterlichen Gefühlen. Paul Porsche steckte in einer hellblauen Wickeltasche, ein Geschenk des Züchters. In seinem Starterpaket befanden sich außerdem niedliches Spielzeug, ein Lätzchen und die ersten drei Mahlzeiten. Ferner eine Liste mit Notfallnummern und Erste-Hilfe-Maßnahmen. Wir hatten die Wohnung welpengerecht umgeräumt und neben Halsbändern, Stofftierchen und Näpfchen ein Hundekörbchen gekauft. Ich untertreibe maßlos, es war ein Siebter-Himmel-Hundebett. Dass der liebe

Paul Porsche tatsächlich schon bald im Himmel sein würde, das ahnten wir nicht. Und das war gut so, denn es hätte mir das Herz gebrochen, so vermopst, wie ich war. Es war einfach Liebe auf den ersten Blick.

Schau mal, wie niedlich er sein Köpfchen neigt, hör mal, er hat gebellt, das klingt ja so süß, wie putzig, oh, sein erstes Pupsi, es duftet nach Veilchen.

Abends, wenn er in seinem Himmelbettchen eingeschlafen war, standen wir andächtig davor und schauten ihm beim Träumen zu. Die Tür ließ ich immer einen Spalt offen, damit es nie ganz dunkel wurde in seinem Zimmer. Alle paar Stunden schaute ich einmal nach ihm, tappte auf nackten Sohlen hinüber und horchte auf sein Schnorcheln. Manchmal schnorchelte es zart vor mir und ein wenig stärker hinter mir, und ich stand in der Mitte wie auf einer goldenen Brücke des Glücks, und mein Herz wurde so groß und weit, und manchmal war es fast zu viel Liebe, um sie auszuhalten. Tief in mir drin spürte ich, dass Liebe Liebe ist. Dass es da keine Hierarchie, kein oben und unten oder besser und schlechter gibt. Ganz am Anfang traute ich es mich noch nicht zu sagen, denn das tut man nicht. Ehrlich, das haben Leute zu mir gesagt: Man kann doch einen Hund nicht lieben! Aber genau das war mit mir geschehen. Ich liebte Paul Porsche, und Punkt. Diese Liebe war weich und zärtlich und unendlich fürsorglich. Paul Porsche war sozusagen mein Kind, ein Kind light.

Ein Sprichwort besagt: Das letzte Kind trägt Pelz. Bei mir ist es eben das erste, und es wird nie richtig erwachsen werden, noch ein Grund, warum wir so gut zusammenpassen.

Kind light

Meinen Freundinnen, die Nachwuchs auf zwei Beinchen bekommen hatten, erging es genauso. Freilich, die Requisiten sahen anders aus. Fläschchen statt Näpfchen, Windel statt Kotbeutel, Wiege statt Himmelbett. Aber auch sie standen nachts vor dem Bettchen und hörten das Kleine atmen, und ihr Herz wurde weich und weit.

Nach einer Weile traten jedoch die Unterschiede in den Vordergrund. Tatsächlich gibt es Studien über die Gemeinsamkeiten in der Entwicklung zwischen Kindern und Hunden. Kluge Hunde haben Fähigkeiten wie dreijährige Kinder. Die kleinen Menschen entwickeln sich dann allerdings weiter, während die Hunde noch immer hinter Bällen herrennen (es soll auch bei Menschen erwachsene Exemplare geben, die das gerne machen, aber das ist eine andere Geschichte) und vielleicht Spaß daran haben, Schuhe zu zerbeißen, während die Kinder lernen, Schnürsenkel zu Schleifen zu binden.

Henry war der dreijährige Sohn meiner Freundin. Ein Goldstück. Ein Wonneproppen, ein Gute-Laune-Bär. Aber Henry hatte manchmal schlimmes Pupsi. Meine Freundin verriet mir ihr bestes Mittel gegen Durchfall: ein Gläschen Pute von der Marke mit vier Buchstaben, die es in meinem Lieblingsdrogeriemarkt mit zwei Buchstaben im Regal für Baby und Co. gibt.

Als Paul Porsche auch mal schlimmes Pupsi hatte, erinnerte ich mich an den Tipp und holte gleich eine ganze Palette Putenreisbrei sowie eine Familienpackung Feuchttücher. An der Kasse das übliche »Haben Sie eine Kundenkarte?«.

Klar, hab ich, durchgezogen und fertig.

Ein paar Tage später brachte unser freundlicher Postbote

ein Päckchen. Da ich nichts bestellt hatte, war es wie Weihnachten im Frühling, also völlig überraschend. Neugierig öffnete ich das Päckchen und fand zwei Windeln, eine »Popo Anti-Aua«-Creme, Puder, einen Teebeutel Fenchel Schlaf gut und Mini-Feuchttücher. Auf dem beiliegenden Kärtchen las ich: »Liebe Eltern, alles Gute für Sie und Ihren Nachwuchs.« Ich war total gerührt und froh, dass ich immer in diesem Drogeriemarkt mit den zwei Buchstaben einkaufe, und da wir somit beim Werbeblock sind, möchte ich auch noch aus einem ganz süßen Buch von Michaela Seul zitieren, in dem man auch eine Menge über Hunde lernt und das mir gezeigt hat, dass das mit meinen Muttergefühlen nämlich keine Einbildung ist, sondern wissenschaftlich erwiesen. So steht es in *Das Glück hat vier Pfoten*:

»Die Art und Qualität der Beziehung zwischen Mensch und Hund wurde in den letzten Jahren in Studien erforscht. Eine Erkenntnis haben alle Untersuchungen gemeinsam: Die Mensch-Hund-Beziehung hat viele Parallelen mit der Eltern-Kind-Beziehung. Hunde wie Kleinkinder zeigen Trennungsreaktion und Wiedersehensfreude, sie suchen die Nähe der Großen, unterscheiden deutlich zwischen vertrauten und fremden Menschen und Mama und Papa oder Frauchen und Herrchen. Sie sind für die Schutzbefohlenen im Idealfall ein sicherer Hafen, von dem aus die Welt erkundet werden kann. Forscher vermuten, dass der Grund für die Ähnlichkeit der Mensch-Hund- und Eltern-Kind-Beziehung darin liegt, dass Hunde wie Kinder auf unsere soziale Unterstützung und Versorgung mit Nahrung und Nähe angewiesen sind. Sie befinden sich in einer Art Abhängigkeitsverhältnis.«

Das kann ich alles unterschreiben! Ich bin total abhängig von meinen Möpsen. Und ich wollte Paul Porsche fördern. Deshalb meldete ich ihn nicht in irgendeinem Kindergarten, Verzeihung, einer Waldwiesen-Welpengruppe an, sondern recherchierte nach der Hundeschule mit dem besten Ruf. Da konnte ich auf einmal ganz schön streng werden, was lustig war, weil ich selbst ja Schule nie wichtig gefunden hatte. Doch kaum war ich Mama light geworden, mutierte ich zur Fräulein Rottenmeier und vergaß Heidis heile Welt. Also jetzt die andere Heidi. Nicht die mit den hohen Schuhen, sondern die mit den hohen Bergen.

Das Abc der Vierbeiner

Wir haben eine ganz tolle Schule gefunden, eine Sonntags-schule sozusagen im Hofgarten am Englischen Garten. Zwei Jungs, Jens und Ansgar, die machten das prima, und wenn eine von euch die beiden kennt, grüßt sie bitte ganz lieb von mir.

Während die Vierbeiner spielerisch Zweibeiner-Benehmen lernten, standen wir Zweibeiner auf der Wiese und lernten, wie Vierbeiner denken. In der Hundeschule begegnete mir eine bislang unbekannte Gattung. Es gibt nämlich nicht nur Menschen, es gibt auch Hundebesitzer, und das ist ein ganz besonderer Schlag. Manche haben echt einen Schlag. Das weiß natürlich jeder Hundebesitzer und grenzt sich von denen ab, auch wenn er selbst dazugehört. Also alles wie sonst auch überall, alles genauso wie bei echten Eltern. Wie viele Freundinnen haben mir während ihrer Schwangerschaft geschworen, dass sie ganz bestimmt niemals eine typische Mutter werden würden. Niemals würden sie helikoptern, und gewiss würden wir noch Freundinnenabende veranstalten und … sie würden mich nie versetzen, denn

Freundschaft, da waren sich all meine Freundinnen sicher, darüber kommt nichts! Unser Leben ändert sich doch nicht, »nur« weil wir ein Kind haben! Niemals nicht! Ich schwöre doch keinen Partys ab, ich werde keine langweilige Supermutti, die bloß wegen einer Schulaufführung ihres Kindes den Freundinnen absagt. Nie, ich sag es noch mal, niemalsnienicht! Ich schwöre auf das Leben meines Mannes ... na ja, jetzt nicht unbedingt, sagen wir auf das Leben meiner Schwiegermutter: An unserer Freundschaft wird sich nichts ändern!

Ich liebe meine Freundinnen. Aber natürlich hat sich was geändert. Es wäre ja auch furchtbar, wenn nicht. Selbst wenn ich die ein oder andere Freundin im Moment zu wenig sehe – denn sie sind wundervolle, rührende, entzückende Elternteile geworden –, sind sie meine Freundinnen. Und diejenigen, die schon aus dem Gröbsten raus sind, necken mich nun, denn ich bin mittlerweile selbst zur Helikopterin geworden.

»Du hast mir versprochen, dass wir uns heute auf einen Tonic mit Gin treffen«, reklamierte Martina.

»Jaaaaaa«, entfuhr es mir leicht gestresst. »Ich weiß, aber ich bin heute echt spät dran, denn ich hab vergessen, dass Paul heute seinen großen Auftritt hat!«

»Lach und Schieß?«

»Nein! In der Hundeschule!«

»Das ist jetzt nicht dein Ernst«, staunte Martina. »Wir haben uns ewig nicht gesehen, und du sagst mir ab wegen, wegen, wegen ... einem Hund?«

»Erstens ist es nicht *ein* Hund, sondern mein Hund. Zweitens ist es ein Mops. Und drittens heißt er Paul Porsche, und wir haben echt total auf den Termin trainiert. Weißt du, er kann nämlich schon ...«

Und während ich aufzählte, hielt Martina vermutlich das Telefon weit weg vom Ohr, um uns am Ende gutmütig »Viel Glück« für Pauls großen Auftritt zu wünschen. Ich konnte sicher sein, dass es von Herzen kam, da sie sich ja vorher Luft gemacht hatte. Wir langjährigen Freundinnen behalten Missverständnisse nicht für uns – deshalb sind wir schon so lange glücklich miteinander. In unseren Freundschaften sind wir keine Miss, sondern Mrs!

Am Anfang habe ich mir wegen der Möpse schon ein dickes Fell zulegen müssen, denn die Kommentare mancher Leute waren oft wenig einfühlsam, hin und wieder sogar gemein. Wie jede Menschenmutter warf ich mich in die Schlacht und verteidigte, was ich liebe.

Ich kenne keine Hunderasse, die mehr aushalten muss als die wundervollen Möpse. Dem kleinen Kerl an meiner Seite ist das schnuppe. Ein Hund lässt sich nicht blenden von Äußerlichkeiten. Für den Hund zählt, dass wir da sind. Er kommuniziert mit unserem Innersten.

Michaela Seul beschreibt das in ihrem Buch folgendermaßen:

»Einem Hund ist es egal, welches Auto wir fahren und wie groß unsere Wohnung ist, ob wir Brillanten tragen oder Brillen aus dem Supermarkt. Er kümmert sich nicht darum, ob unser Kinn doppelt ist oder die Oberschenkel voller Dellen sind. Hauptsache, sie tragen uns durchs Leben. Ein Hund weiß, worauf es ankommt: Wie sich das Leben anfühlt. Also innen drin. Orangen an den Oberschenkeln, Wülste am Bauch, zu groß, zu klein, zu dick, zu dünn, alles egal, der Hund kennt kein zu. Frauchen und Herrchen sind wunderbar, genau so, wie sie sind. Der Hund würde keinen Millimeter Verstand darauf verschwenden, sich vorzustel-

len, Frauchen könnte fünf Kilo weniger, Herrchen könnte fünf Zentimeter mehr haben. Für unsere Hunde sind wir genau so, wie wir sind, richtig.«

O wie wahr! Dafür gebe ich Michaela Seul hundert Punkte. Manchmal schau ich zu meinem kleinen Kerl richtig auf und denke mir, vielleicht kann ich mir von ihm ein Stückchen abschneiden. Am Ende haben wir beide ein dickes Fell.

Am Scheitelweg

**Es ist ein Missverständnis, zu glauben,
ab vierzig müsse frau unters Messer.**

Das darf doch nicht wahr sein!

Oder waren es die Augen – meine letzte Hoffnung. Ruck-artig schob ich meinen Hals nach vorne, um den Haaransatz deutlicher zu sehen. Knallte an den Spiegel. Knallrote Nase. Harmlos gegen das, was ich an der Schläfe entdeckte. Nun war es also so weit. Jahrelang hatte ich mich vor diesem Moment gefürchtet. Ich kniff mich selbst und die Augen zu, ich schüttelte den Kopf, ich redete mir ein, dass das alles nur ein Traum wäre. Doch es war keiner. Es war meine neue Wirklichkeit. Für immer. Es würde nie, nie, nie mehr verschwinden, ganz im Gegenteil. Es würde seine Nachbarn anstiften. Es würde überspringen. Zack, zack, zack, manchmal geschah so etwas über Nacht. Und dann?

Rot, blond, braun … ich musste mich in Zukunft nicht zum Spaß entscheiden, in welcher Haarfarbe ich glänzen wollte. Allmählich wurde es stressig, denn gab es nicht schon genug zu entscheiden? Welchen Lippenstift, welchen Mann, welche Schuhe, welchen Job … Jetzt auch noch Haare. Aber eben nicht mehr freiwillig. Mein selbstbestimmtes Leben war vorbei. Ich würde herumgeschleudert in der Qual der Wahl. Färben oder Tönen? Und wenn ja, in welchem Farb-ton, wieso war in der Farbe der Ton drin, die Tönung, ich dachte, das wäscht sich alles raus. Und wie schnell? Ab sofort würde ich jeden meiner Schritte außerhalb der farbechten Zone meiner Wohnung akribisch planen. Damit mich keiner ertappte. Außerdem musste ich Hüte kaufen, viele Hüte und

Käppis, die farblich zu meinen Klamotten passten, und Tücher und andere Accessoires, um die Zeit bis zum nächsten Friseurtermin zu überbrücken. Und wie wir mittlerweile aus der Büchse der Pandora alle gelernt haben, kann das dauern. Der Friseur, prinzipiell schon ein sehr wichtiger Mann in meinem Leben, würde nun zu einem noch wichtigeren, wenn nicht dem wichtigsten werden.

So ist es nun mal, wenn die Wahrheit an die Tür klopft. Von wegen klopft. Die Wahrheit war mit der Tür ins Haus gefallen, und jetzt war alles eingestürzt. In Trümmern lag mein Leben vor mir. Es gab keine glatt tapezierten Wände mehr, bloß noch Risse und Krater, und ab sofort galten für mich keine Songs mehr: *You are so beautiful. I am too sexy for my love. Dancing Queen, young and sweet.* Nein: old and grey.

Ungefähr so verlief mein Zusammenprall mit meinem ersten grauen Haar. Wie war's bei dir? Schon komisch, oder, wie einen so ein Minihaar aus der Fassung bringen kann. Wobei … ein Haarriss im Knochen kann ziemlich wehtun. Das alles sollten wir jetzt mal genauer untersuchen.

Fifty Shades of Grey

Am Erfolg des Films sehen wir, wie viele Menschen sich für das Alter in Gestalt grauer Haare interessieren. Diese Menschen sind vor allem Frauen, aber sie sind es ja auch, die die Gesundheit verwalten. Manchmal eher die ihrer Männer als die eigene, weil Männer ja erstens nie krank und zweitens in Bezug auf Gesundheit gern mal uneinsichtig sind. Um so was kümmern sich die Frauen, gehört im weitesten Sinne zum Familienministerium, Frauen, Gesundheit, Kinder und

Alte, sprich Senioren. Am Erfolg des Films sehen wir aber auch, dass Älterwerden ganz schön wehtun kann. Oder war Anastasia am Ende nach all den Grautönen etwa glücklich? Nein, sie machte einen Schnitt.

Und so fühlte es sich für mich auch an. Nach der Entdeckung meines ersten grauen Haares zerfiel meine Welt in ein Davor und Danach. Es zogen auch völlig neue Wörter in meinen Alltag ein. Ansatz zum Beispiel, und das war kein Vorsatz zum Satz oder der Versuch, einen Satz zu bilden, oder hatte was mit Blasinstrumenten zu tun, für die es den richtigen Ansatz für einen satten Ton braucht. Nein, mein Ansatz war am Scheitelpunkt, und da ich knapp eins sechzig groß bin, okay nicht knapp, und noch mal okay, es wird naturgegeben eher weniger als mehr, musste ich davon ausgehen, dass mir ziemlich viele Leute auf den Scheitel schauen würden. Und dann?

Würden sie denken, oh, kuck mal, die geht aber schlampig mit ihrem Ansatz um.

So, Ladys.
Und hiermit sind wir bei der Schlüsselfrage,
denn Alter, also mal ehrlich,
wird ja nur zum Problem,
wenn andere mitspielen.
Wir für uns selbst, ich bitte euch!
Wir hätten nullkommanull Probleme mit dem Alter.
Das Problem sind die anderen, vor allem die Jüngeren,
und noch viel schlimmer, diejenigen,
die genauso alt oder älter sind als wir selbst,
denen man das aber nicht ansieht.

Oder uns gleich Haarlässigkeit unterstellen. Als hätten wir keine Achtsamkeit, keine Zeit für uns. Hatte ich auch nicht. Ich musste mein Auto aus der Werkstatt holen. Der Ansatz-, Verzeihung, ich meine Ansaugstutzen. Ich hatte mich richtig auf die Fahrt mit der Straßenbahn gefreut. Mit der 28, meiner Linie. Früher war es die Linie 18, und fast auf den Tag genau an meinem achtzehnten Geburtstag wurde sie umgetauft zu Linie 28. Fand ich echt nett, wäre aber wegen mir nicht nötig gewesen. Die Strecke blieb die gleiche: quer durch meine Stadt, meine City, my Home Town. Vom Scheidplatz bis zum Friedensengel, meine persönliche Stammstrecke. Heute fährt die 28 nur noch bis zum Sendlinger Tor.

Ecke Barer-/Schellingstraße, direkt beim legendären Schellingsaloon im Herzen von Schwabing, stieg ich aus. Mitten im Univiertel bin ich groß geworden, besser gesagt: aufgewachsen. Das Herz wird mir noch heute weit, wenn ich durch die Straßen meiner Kindheit laufe. Der wunderschöne Elisabethmarkt mit seinen originellen Standeln, die kleine Schwester vom Viktualienmarkt. Prächtige Fassaden von Häusern, die schon viel gesehen und erlebt haben, innen und außen, romantische Hinterhöfe mit alten Kastanien und gemütlichen Bankerln. Über die Endstation, den Scheidplatz, bin ich als Schwabinger Kindl nie hinausgekommen. Das war Norden, da war der Olympiapark, und im Norden war's gefährlich. Hier verlief auch der Schützengraben zwischen FC Bayern und TSV 1860. Also schnell wieder zurück in Sicherheit! Von der Barerstraße in die andere Richtung. Vorbei am Roncalliplatz, da gastierte früher der Zirkus. Für uns Kinder vor allem Rückwandzirkuskucken, sonst wäre es viel zu teuer gewesen. Viel besser als die Show fanden wir das Treiben Backstage. Wir schauten einem Clown im Unterhemd zu, wie er, ohne die Miene zu verziehen, ein Bier trank, und bewunderten die wunderschöne Seiltänzerin, die ihre

Choreografie mit geschlossenen Augen probte. Hin und wieder schenkte uns jemand eine Tüte Popcorn. In diesen Tagen kannten wir alle nur ein Ziel: den Zirkus. Nicht nur heute und morgen, sondern auch später, wenn wir mal groß wären. Bei den meisten hat es nicht geklappt und bei mir auch nur ein kleines bisschen. Egal, wie ich es mir schönrede, Schauspielerin ist halt doch knapp daneben.

Wir fahren weiter mit der 28 am Obelisk vorbei zum Karlsplatz/Stachus mit seinem wundervollen Wasserspiel. Wie oft sind wir Kinder da im Sommer barfuß durchgelaufen.

Aber lass uns bitte mal am Sendlinger Tor innehalten, denn dort ist das Kino, in dem ich *Tootsie* gesehen habe. Am 25. Dezember 1982. In der ersten Reihe! Es war ein Geschenk gewesen in einem weißen Kuvert mit roter Schleife. Ich hörte es schon am Knistern des Papiers, dass mich etwas Wundervolles erwartet. O ja! Fünf kleine rote Abrisskarten! Was für eine Überraschung! Ich konnte mein Glück kaum fassen! Ich bekam kein Fahrrad zu Weihnachten, wie alle. Nein, für mich hatte sich meine Mama etwas ganz Besonderes einfallen lassen. Und die ganze Familie durfte mit! Als ich das Kino verließ, wollte ich Schauspielerin werden. Aber das ist eine andere Geschichte.

Es war ein so schöner Frühlingstag auf dem Weg zu meinem neuen Ansaugstutzen, und ich hielt mich an der Stange fest, weil ich noch immer zu klein für die Halteschlaufe bin. Kennt ihr, oder? Diese grauen hässlichen breiten Bänder, die von der Decke baumeln, Ziel meiner kindlichen Sehnsucht. Wie oft schaute ich hinauf zu den unerreichbaren Schlaufen, die für mich Sinnbild des Erwachsenseins waren. Einige waren schon ganz abgerubbelt, an anderen klebten Sachen, die man nicht sehen konnte, nur unter dem Mikroskop, wie mir meine Mama erklärte. Ich wollte trotzdem hin. Hinauf. Dort oben wollte ich mich einfädeln. Ich wollte groß sein und locker und cool Straßenbahn fahren, anstatt mich an Mamas Bein zu klammern oder an das meiner Schwester, meines Bruders oder eines Fremden, auch das konnte passieren, und dann war der Schreck groß.

»Eines Tages, Stanzi«, sagte meine Schwester zu mir, »wirst du die Schlaufe erreichen.«

Nun, man muss Ziele im Leben haben, und es gehört dazu, dass man manche nicht erreicht. So war es bei mir und den Schlaufen. Ich bin bis heute zu kurz. Aber … ich habe es freiwillig aufgegeben. Denn wenn ich mich strecke, kann ich mich zwar aufhängen mit einer Hand, doch leider muss ich nach drei Stationen zur Physiotherapie, weil ich mir die Schulter ausgekugelt habe. Was das mit dem Alter zu tun hat, fragst du dich jetzt vielleicht. Na, ganz einfach:

Wenn du Schmerzen hast, ist dir dein Alter egal.
Alter tut nur weh, wenn du keine Schmerzen hast.
Dann geht es dir zwar nicht mehr gut,
aber das sollten wir mal festhalten.
Wenn es dich schmerzt, dass du alt bist,
dann ist das

a) Normal

b) Lehrreich

c) Luxusproblem

… Je Kreuz: 30 Punkte.
Bei allen: 100 Punkte.

Ach, ich liebe meine Heimatstadt und das Ruckeln und Kreischen der Straßenbahn … und weiter geht die Fahrt mit der 28 zur Autowerkstatt. Und der junge Kerl am Fenster lächelte mich auch noch an. So ein schöner Tag. Jetzt stand er sogar auf, mir wurde ganz heiß.

»Wollen Sie sich setzen?«

Was heißt hier wollen? Meine Beine gaben nach. Ich musste mich setzen, ich hatte gar keine andere Wahl. Nie, nie, niemals hätte ich dieses Fallbeil jetzt schon erwartet. Ich dachte, der Satz fällt erst, wenn ich hundertundvier Jahre alt bin. Wenn ich ausschließlich Haare in Weiß habe, wenn ich aussehe wie die weibliche Form von Gandalf, dem weisen Zauberer aus dem Buch *Der Herr der Ringe,* der bestimmt schon tausend Jahre alt ist.

Als ich mich einigermaßen beruhigt hatte, stand ich wieder auf. Das kann ich, das habe ich oft geprobt als Stehauffrau ohne Chen, denn nein, ich bin kein Frauchen. Ich stellte mich vor den jungen Mann, holte tief Luft und erklärte ihm das Missverständnis:

»Ich bin keine Sie! Ich bin ein Du! So weit wie ich kann gar keiner von einem Sie entfernt sein. Hier ein Beispiel: Ich trinke Bier aus Dosen, ich fahr noch nach null Uhr zum Drive-in, ich schaue Serien auf Netflix, ich kenne Sex Education in- und auswendig. Ich gehe nie vor halb eins ins Bett. Ich trage neonpinke Ohrringe und dazu ein völlig mit Glitzer übersätes T-Shirt mit einem riesigen Kussmund auf der Brust. Ich mag Sneaker und pinke Lederjacken. Ich höre Bands wie Bilderbuch und Granada. Was, bitte WAAAAAAAASSSSSS an mir ist SIE?!«

Der junge Mann hatte sich während meiner flammenden Rede immer mehr Richtung Ausgang bewegt und kleiner gemacht; mittlerweile kauerte er nach vorn gebeugt zwischen den Türstufen, den Kopf, wie bei einem Flugzeugabsturz empfohlen, in den Händen verborgen. An der nächsten Haltestelle sprang er panisch ins Freie, da war die Tür erst einen Spalt offen, aber ich war noch lange nicht fertig. Ich sprang auch raus und rannte ihm nach: »Ich bin keine Sie!«

Aber das alles hörte er gar nicht mehr. Er hatte nämlich lange Beine. Und ich hab ja kurze. Das kommt vom Lügen. Und nach der Geschichte jetzt sind sie noch ein bisschen kürzer, weil ich das alles nämlich nicht gesagt, sondern bloß gedacht habe. So. Jetzt weißt du es. Und ich hoffe, dass du, wenn es dir passiert, den Mut hast, es zu sagen! Danke, Schwester.

Zu Hause angekommen, falle ich meinem Mann in die Arme. Das schreib ich jetzt in der Gegenwart, weil es nämlich immer öfter passiert. Also, dass mich in meiner Gegenwart die Zukunft einholt. Oder ist es die Vergangenheit? Egal. Fakt ist, dass die Zeiten nicht mehr zueinanderpassen, also die gefühlten und die angeblichen, scheinbaren, die gefakten, die Jahre!

Mein Mann hält mich ganz fest.

»Spatzerl, was ist denn?«

»Er hat Sie gesagt«, bricht es aus mir heraus. »Zu mir! Sie gesagt!«

»Wer?«

»Irgend so ein unverschämter BWL-Student, so ein Muttersöhnchen, so ein Streber, so einer, der Socken bügelt, bevor er sie zusammenrollt, einer der …« Ich hole tief Luft, noch immer so empört, dass mir keine wirklich passende Umschreibung einfällt. »Und so einer sagt Sie zu mir. Also zu mir!« Ich stemme die Hände in die Seiten und schaue meinen Mann Beifall heischend an. Er wird mich verstehen. Er ist mein Mann. Er wird mich beschützen und den Doofen zum Duell fordern.

»Aber das ist doch grundsätzlich sehr höflich, so ein Sie«, sagt mein Mann.

Er fällt mir in den Rücken! Er! Wo ich immer total solidarisch bin. Zum Beispiel stimme ich unsere gesamte Kommunikation auf die Spielergebnisse des FC Bayern ab. Nicht auf meine Stimmung nehme ich Rücksicht, nein, hoho, auf elf Spieler und den Trainer und das ganze Team, und das sind ja Diven, so launisch, wie die sind, und ständig beim Friseur, ständig! Die haben keine Ansatzprobleme, die rennen schon beim Anpfiff. Aber das ist meinem Mann egal. Kaum habe ich ein Problem mit dem Alter, fällt er mir in den Rücken. Grobes Foulspiel!

Ich denke spontan daran, mich scheiden zu lassen. Ich bin durch strömenden Regen (Lüge) 10 Kilometer (5) gelaufen, nur um mich an seiner starken Schulter auszuheulen. Und dann so ein Satz! Das ist nicht nur unsensibel, das ist geradezu unhöflich.

Ich schlage ihm vor: »Vielleicht sollten wir uns in Zukunft siezen?«

Zickenkrieg

Nein, Männer können nicht begreifen, wie hart es für eine Frau ist, wenn aus einem Du ein Sie wird. Denn ein Mann wird im Alter ja interessanter. Die Jahre schmeicheln ihm. Graue Schläfen sind sichtbares Artwork seiner bedeutungsvollen Gedanken, die aus dem Hirnkastl herauswachsen. Während sie bei Frauen wie spröde Zweiglein in den tristen November ragen. Lachfalten um Männeraugen zeugen von

Lebensfreude, Erfahrung, Sinnlichkeit. Lachfalten um Frauenaugen zeugen von Naivität.

Wir halten fest:

Männer dürfen älter werden.
Frauen nicht.

Warum?

Weil Frauen den Papa suchen?

Das sollte heutzutage mit Vaterschaftstest nicht mehr so schwierig sein.

Liegt es vielleicht daran, dass Frauen sich auch jüngere Männer wünschen, so wie Männer jüngere Freundinnen haben? Aber will ich einen solchen BWL-Studenten wie in der Tram?

Immerhin, er würde mich siezen. Auch zu Hause im Badezimmer, wo ich nun hektisch an meinen Haaren herumzupple und kucke.

Mein Mann steht in der Badezimmertür und beobachtet mich mitfühlend.

»Zecke?«, fragt er.

Ich spüre, wie meine Beine noch ein Stück kürzer werden. Ich kann ihm jetzt nicht sagen, dass ich auf der Suche nach einem weiteren grauen oder bereits weißen Haar bin.

Ich starre in den Vergrößerungsspiegel.

»Kann ich dir helfen?«, fragt mein Mann freundlich.

»Ich dachte, ich hätte …«, beginne ich. »Aber da ist nichts«, sage ich und klappe den Spiegel resolut um.

Doch in Wirklichkeit habe ich sie sehr wohl gesehen, die Zecke, die dabei ist, sich in meinem Hirnkasterl einzunisten, denn ich bin über vierzig, also das ideale Alter, um von Zecken befallen zu werden und zur Zicke zu werden. Jedes einzelne wird ausgerupft, zick, zick, zick, der Krieg gegen die grauen Haare. Dabei hat das alles mal ganz anders angefangen, mit kleinen Zicklein, die so gern groß gewesen wären. Und sie hätten alles dafür getan, älter auszusehen, und das machten wir auch, wozu wir verschiedene Strategien nutzten.

Vier Erfolgsstrategien für das Alter

1. Schminken

Alex und ich standen in Schwabing vor dem Kiosk an der Ecke. Ich hatte extra Lippenstift aufgetragen, um älter zu wirken, und dunkellila Lidschatten. Im Umgang mit Schminke war ich noch nicht ganz da, wo ich heute bin. Um ehrlich zu sein, sah ich aus, als wäre ich gerade in einem Boxring vermöbelt worden. Blutige Lippe und zwei brutale Veilchen.

»Mach jetzt!«, drängelte Alex. Gut, ich war die mit der lauteren Klappe, doch sie war die Lässigere von uns beiden. Aber ich hatte eben beim Schnick-Schnack-Schnuck verloren, Schere schneidet Papier, auch wenn mir viele Ausnahmen einfielen.

Der Kioskbesitzer lächelte mich an. »Na, Kleine, was möchtest du?«

Ich konnte es nicht sagen. Ich wusste sofort, dass ich nicht gut genug geschminkt war. Gibt es ein schlagenderes Argument in einem Frauenleben? Auch in einem so blutjungen? Ich rannte weg und Alex hinter mir her.

Unfassbar, oder, dass ich mich damals auf älter geschminkt habe! Ich wollte schöner und älter sein. Heute wollen wir schöner und jünger sein und benutzen dazu die gleiche

Technik. Aber die hat sich sehr verändert. Auf die Gefahr hin, dass ich dir jetzt auf die Nerven gehe mit meinem *Früher war alles besser.*

So ist das nun mal. Über vierzig ist früher alles besser gewesen, sonst wärst du ja unter vierzig. Also: Früher gab es ein Make-up, und es war eine Tube. Heute musst du dir auf YouTube mindestens hunderfünfzigtausend von geschätzten acht Millionen Videos angeschaut haben, um zu wissen, wie eine Frau, die etwas auf sich hält – was auch immer das bedeuten mag, ich spar mir das jetzt, sonst habe ich schon wieder so viele Nebensätze –, aus dem Haus gehen soll. Da gibt es das Creme-Make-up, Puder-Make-up, BB-Cremes, Concealer, der früher noch total plump Abdeckstift hieß, aber mittlerweile kennen wir allein dafür mindestens dreißig Varianten, nicht zu vergessen den High Definition, Primer, Glow Base, Anti Shine, normale Base. Und wehe, du vergisst das Contouring! Contouring ist das Must-have, Contouring, Contouring und – ich schreib es noch mal für alle, die die Dringlichkeit noch nicht verstanden haben: *Con-tou-ring* you must have! Sonst besteht die Gefahr, auszusehen wie meine Freundin Heike, die durch falsches Auftragen nicht das erwünschte schmalere Gesicht erhielt, sondern starken Bartwuchs. Also, so sah es zumindest aus. Und wir wissen doch alle, dass der Hipster-Bart out ist! Böses No-Go.

Jetzt mal unter uns, Ladys: Es würde mich nicht wundern, wenn Männer diese Maskerade zur Wissenschaft erklärt hätten, damit Frauen nicht an den Stühlen sägen, auf denen sie, die Männer, sitzen. Wenn Frauen sich dermaßen aufwendig bemühen, ihr Äußeres zu tunen, bleibt nicht mehr viel Zeit für das Innenleben oder Erfindungen wie zum Beispiel dieses superfiese, gemeine HD-Fernsehen. Diese neue Bildqualität ist Folter für jede Frau, die einigermaßen gut aussehen will. Wenn ich gewusst hätte, dass dieser Höllen-Druckmacher noch zu meinen Lebzeiten erfunden wird, ich wäre beim Zirkus geblieben und hätte niemals eine Karriere im TV angestrebt. HD, das Grauen. Wir nennen es: Hat Defizite. Alle haben Defizite, wenn durch HD gelinst wird.

Du weißt, ich bin über vierzig. Ich darf das also: Ja, was war das *früher* für ein Segen. Um sieben Uhr morgens mit dem ersten Kaffeebecher in der Hand zur Maskenbildnerin. Meine Augenringe hingen unter den Kniekehlen, und ich konnte noch nicht sprechen, doch ich wusste: Putichen würde es richten! Nach fünfundvierzig Minuten erstrahlte ich frisch und schön im Spiegel, eine Puderquaste fixierte den Schein für Stunden. Und auch mein Selbstbewusstsein. Heute beginnt die Szene genauso, nur hängen die Augenringe nun eher im unteren Wadenbereich. Putichen gibt wie immer ihr Bestes, doch in fünfundvierzig Minuten sind wir noch lange nicht fertig, denn mein Gesicht, und ich glaube, fast überhaupt kein Frauengesicht, ist leichtes Gelände für HD-Auflösung. Man sieht jede Andeutung einer Pore als Mondkrater, und außerdem geht man ja heute mit der Kamera immer ganz nah ran, immer voll drauf. Für uns Schauspielerinnen fühlt sich das manchmal so an, als würde im linken Nasenloch die Kamera und im rechten der Ton sitzen, und bitte nicht atmen, damit wir keine Fremdgeräusche draufhaben.

»Aber, aber, meine Damen«, erklingt sanft, aber doch mahnend die Stimme aus der Regie. »So ist es doch viel natürlicher!«

»Okay«, sage ich locker, während sich in mir alles zusammenkrampft. Ich schaue nach links zu einer Kollegin und sehe, dass es ihr genauso geht. Aber wir lassen uns nichts anmerken. Das ist jetzt so. Da musst du durch, sonst bist du draußen. Vielleicht waren wir Frauen einfach zu emanzipiert, zu selbstständig, man musste uns wieder einfangen, begrenzen. Es hat uns zu viel Spaß gemacht, über weite Flächen zu galoppieren, und die Mähne flatterte im Wind, wild und frei. Im HD-Licht stehen wir wieder in einer engen Box und können froh sein, wenn wir hin und wieder auf die kleine Koppel dürfen. Hoffentlich hat Putichen den richtigen Striegel dabei, damit ich ins Rennen darf! Denn wenn aus der Regie die Ansage kommt: »Geh mit der Kamera nicht so nah ran.« Dann schminkt sich dein Selbstbewusstsein von selbst ab. Besser gesagt: Es schmiert ab.

Und was bleibt, durch HD gelinst? Poren als Krater, Falten als Schluchten, Lippen werden zu einem ausgetrockneten Flussbett, und die Zähne sehen aus wie ein verlassener Steinbruch. Wahrscheinlich wird man deswegen beim HD-Fernsehen mit fünfunddreißig Jahren meist in Frührente geschickt.

Aber für mich bedeutet HD: Halte Durch!

2. Kriminelle Karriere

Ich hätte mich gar nicht so sehr anstrengen müssen, älter auszusehen, als ich war. Meine kriminellen Machenschaften ließen mich nämlich in Sekundenschnelle altern. Das wusste ich damals bloß nicht. Doch Fakt ist, dass Sorgen zu Falten führen. Und Sorgen hatte ich viele, weil ich auf die schiefe Bahn geraten war in Sachen Alter.

Wie so oft begann es bei mir besonders früh. Mit fünf Jahren war ich bereits abhängig von Kaugummizigaretten. Waren sie nicht ein Symbol für Erwachsensein, Freiheit, Schönheit? Ich kuckte viel fern, und in meiner Kindheit war Zigarettenwerbung noch erlaubt. Ich bin also völlig anders sozialisiert als die Kids von heute. Dies nur zu meiner Verteidigung.

Nach sieben Jahren an der Kaugummikippe war es Zeit, die nächste Stufe zu zünden. Nur deshalb hatten Alex und ich uns für den Kioskbesitzer geschminkt.

Beim zweiten Anlauf klappte es besser. Auf die nette Frage, was die Kleine wünsche, sagte ich: »'ne Schachtel Zigaretten.«

»Welche denn?«

»Echte!«

Alex neben mir ächzte.

Der Kioskmann grinste.

»Ich nehme die da, die links, die blauen da ganz außen«, deutete ich auf die Verpackung, die mir am besten gefiel.

»Das ist Schnupftabak.«

Gutmütig griff er nach rechts und reichte mir die Kaugummidinger, die ich seit Jahren »rauchte«.

»Schenk ich euch«, sagte er und fragte mich: »Wie alt bist du denn?«

»Sechzehn!«, rief ich panisch.

»Kann ich mal deinen Ausweis sehen?«, fragte er, heute würde ich sagen, amüsiert. Damals kam er mir vor wie ein Lehrer, Pfarrer, Hausmeister.

»Klar, Moment.« Ich kramte in meiner Jutetasche. »Oh, ich glaub, den hab ich vergessen.«

»Wann hast du denn Geburtstag?«

»Am sechzehnten April.«

»Und in welchem Jahr?«

Habe ich schon erwähnt, dass ich in Mathe ganz hundsmiserabel war und immer noch bin?

Alex redete bis zur nächsten Straßenecke kein Wort mit mir, so sauer war sie.

»Jetzt hör doch auf, ich war eben überfordert!«, bat ich um Milde.

»Wie kann man so doof sein!« Sie verdrehte die Augen und äffte mich nach. »Neunzehnhundertvierundzwanzig. Dann wärst du jetzt längst Rentnerin. Du solltest dich mit deinen zwölf Jahren nur um schlappe vier Jahre älter machen! Nicht um hundert.«

»Es war doch nur ein Zahlendreher«, wandte ich schüchtern ein. Alex wandte den Kopf ab und ging weiter.

Wenn ich heute daran zurückdenke, weiß ich, wie weise ich damals war. Ach, wieso habe ich das im Lauf der Zeit nur verloren. Wo ist sie hin, meine Unbekümmertheit, was die Anzahl der Jahre betrifft? Mit ihnen begann der Ansatz meiner Falten. Und er grub sich in mich ein beim Lügen an der Kinokasse für FSK-16- und FSK-18-Filme. Wir liebten krasse Horrorfilme, in denen wir vor Angst fast starben.

Besser vor Angst sterben
als sein wahres Alter preisgeben.

Allmählich frage ich mich, ob der krasseste Horrorfilm nicht überhaupt jener ist, wie wir mit unserem Alter umgehen. Nach dem Motto: Besser vor Scham sterben als sein wahres Alter preisgeben?

Aber habe ich nicht auch nur auf Äußerlichkeiten gesetzt? Immerhin machte ich mich jedes Wochenende um mindestens fünf Jahre älter. Fünf Jahre, das ist schon was, das ist die Hälfte von zehn, und heute wollen wir gleich zehn Jahre jünger sein, oder? Das wäre auch nur fair, denn so fühlen wir uns; die meisten Menschen fühlen sich zehn Jahre jünger.

Also, was ist passiert, dass ich heute das Gegenteil will? Das ist doch abartig, ich meine, wann ist man eigentlich mal so alt, wie man ist? Und ist das nicht eine totale Lebensverschwendung, sich gegen den Lauf der Dinge zu stemmen? Aber vielleicht habe ich auch zu viel Sonne abbekommen. Früher war braun sein ja in. Lichtschutzfaktoren beschäftigten nur Sockenbügler.

3. Sonne

Mein erster Filmball! Ich hatte in meinem ersten Kinofilm, Undine, mitgespielt und war eingeladen. Ich wollte schön aussehen! Also braun sein. Der damalige Freund meiner Mutter hatte einen kleinen Gesichtsbräuner. Leider war das Teil kaputt. Alle drei Minuten piepste es, dann ging das Licht aus. Ich schaltete es immer wieder ein. Während ich bräunte, lackierte ich mir die Nägel, dazu rückte ich sehr nah an die Lampe. Eine Stunde später, beim Ankleiden, spürte ich, dass etwas mit meinem Gesicht nicht stimmte. Es spannte und schmerzte. Ein Blick in den Spiegel zeigte mir, dass es sich auch veränderte. Es schwoll an, und riesige Blasen erblühten schnell von FSK 16 zu FSK 18, und schließlich blinkte es Rot 112. Löwenmama, die gerade nach Hause gekommen war, hatte überreagiert und mir erschrocken Kakaobutter ins Gesicht geschmiert. Denn war das nicht das Beste bei Verbrennungen?

»Nein, auf keinen Fall!«, hörten wir etwas später vom Arzt. Und noch schlimmer war seine Diagnose: Verbrennungen zweiten Grades. »Was hast du denn gemacht?«, fragte er besorgt.

»Den Gesichtsbräuner benutzt«, antwortete ich.

Der Arzt empfahl meiner Mutter dringend, das Gerät auf der Stelle wegzuwerfen.

»Welchen Gesichtsbräuner?«, fragte Mama

»Den Gesichtsbräuner, Mama! Das Ding, das einen braun macht«, sagte ich kleinlaut.

»Das ist kein Gesichtsbräuner, sondern eine Höhensonne!«

»Dann wundert mich nichts mehr«, seufzte der Arzt.

»Das Teil gehört eigentlich gar nicht mir«, erklärte meine Mama, der das alles noch viel weher tat als mir. Und mir tat es schon extrem weh: Filmball erste Reihe fiel aus. Mist. Da ging sie dahin, die Weltkarriere, kein Hollywood, kein Golden Globe, kein »And the Oscar goes to ...«.

Aber wahnsinniges Glück hatte ich trotzdem, nämlich, dass meine Netzhaut nicht kaputt war. Doch es gab ja noch andere Möglichkeiten, etwas fürs schnelle Altern zu tun.

4. Rauchen

Eines der besten Mittel, um alt auszusehen, ist der Konsum von Zigaretten. Es gibt gar nichts Besseres, um die Zukunft fahl und faltig zu gestalten. Wie ihr wisst, habe ich mit fünf Jahren begonnen und bin dann mit zwölf umgestiegen auf die echten.

»Hast du sie dabei?«, fragte Alex, nachdem wir uns, ganz klassisch, in einer Schultoilette eingeschlossen hatten.

»Klar, ich habe sogar die ganze Packung«, prahlte ich, während mich ein kleines bisschen das schlechte Gewissen plagte. Bestimmt suchte mein großer Bruder gerade nach der Schachtel.

»Und hast du auch Feuer?«

»Für wie blöd hältst du mich, natürlich habe ich Feuer!« In meiner Aufregung glühte ich förmlich und hätte die Zigarette wahrscheinlich an mir selbst entzünden können. Mit zitternden Fingern kramte ich die rote Schachtel heraus. Was für ein tolles Rot, so richtig erwachsen und in der Mitte eine schwarz gezeichnete Hand. Cool.

Ich sog die Flamme in die Zigarette, und tatsächlich, sie brannte. Der Rauch füllte meine Lungen, mir wurde noch viel heißer. Tränen schossen mir in die Augen. Ich wollte den Rauch stilvoll ausblasen, aber das war unmöglich, er schoss geradezu aus meinen Lungenflügeln. Ich musste husten, es hörte gar nicht mehr auf. Alex riss mir die Zigarette mit genervtem Blick aus der Hand. *Immer die Kleine.* Aber dann beutelte der fürchterliche Husten auch sie, die Große. Zwei Zigaretten später kotzten wir Seit an Seit in eine Schüssel, wie wir schon so oft Seit an Seit aus einer gegessen hatten. Als wir unsere Münder am Waschbecken gespült hatten und in den Spiegel blickten, waren wir um Jahre gealtert. So also fühlte es sich an, erwachsen zu sein.

War das der Moment der Umkehr, in dem wir begriffen, dass wir in die falsche Richtung gelaufen waren? Ich befürchte, nein. Während der nächsten Jahre machten wir weiter mit dem Quatsch. Und auch während der nächsten Jahrzehnte. Ich bin mir ganz sicher, dass das Rauchen mein natürliches Wachstum ausgebremst hat. Bei 156,5 cm war endgültig Schluss, aber auf den halben Zentimeter lege ich großen Wert. Wie öde wäre das Leben ohne sogenannte Jugendsünden. Ich könnte ein ganzes Buch darüber schreiben, aber ich verschone dich damit. Und mich auch, denn da gab es schon so einige Missverständnisse und sehr viel Peinliches. Ich wollte erwachsen sein. Okay, und natürlich schlank. Schon komisch, dass man immer irgendwas werden will. Wann ist man eigentlich mal was? Wenn man was isst?

Zum Glück wollte ich nie so dringend schön sein, wie ich unbedingt schlank sein wollte. Ich meine, wenn ich schön und schlank hätte sein wollen, dann hätte ich jetzt zwei stetig wachsende Baustellen. Man kennt das. Morsches Holz, undichtes Dach und die Leitungen aus dem letzten Jahrhundert. Im Alter nehmen wir zu, das ist so, Hormone und Co. Und schöner werde ich auch nicht. Gut, dass ich mich vor allem auf die Schlankheit konzentriert habe, und die habe ich jetzt ja im Griff, also tief irgendwo in mir steckt sie drin. Ich halte mich strikt fern von Waagen und so Zeug, und dafür gebe ich mir jeden Morgen zehn Punkte einfach so, weil ich da bin, genau so, wie ich bin.

Das andere, das ist mir nicht so wichtig. Aber manchen meiner Freundinnen. Einige von ihnen sind schlank, und das reicht ihnen nicht, sie wollen mehr: schlank und schön. Dafür geben sie viel Geld aus, das sie manchmal hart erarbeiten, und sie bezahlen Unsummen dafür, große Schmerzen zu haben. Denn es scheint nun mal so zu sein:

Schönheit muss leiden

Da ist zum Beispiel meine Freundin Heike. Sie kennt jeden Schönheitschirurgen im Umkreis von zweihundertfünfzig Kilometern, jedes fit machende Nahrungsergänzungsmittel und jede verjüngende Creme. Sie war auch die Erste, die uns einbläute, wie wichtig Hyaluronsäure ist.

»In Verbindung mit einem starken Fruchtpeeling kannst du noch mal locker zehn Jahre reinholen.«

»Aha«, sagte ich skeptisch. Zehn Jahre, ich meine, das sind … zehn Jahre.

»Glaub mir, Stanzi, das ist der Hammer. Also jetzt mal im

Ernst, wenn du mich nicht kennen würdest, du würdest mich doch locker auf achtundzwanzig schätzen?«

Was sollte ich da sagen? Dass es mir zunehmend schwerfiel, sie überhaupt noch zu erkennen? Aber wie bittend sie mich anschaute! Das pikte mir ins Herz. Warum ist es so verdammt wichtig, von anderen Frauen zu hören, wie toll man aussieht, wenn man doch in vielen Fällen weiß, dass es gelogen ist. Auch ich würde lügen. Aus Liebe. Und damit sie es wusste, fügte ich einen Schwur hinzu.

»Wie achtundzwanzig, ich schwöre es.«

Heike lächelte erleichtert. Schön, dass ihr meine Meinung so wichtig war. Vielleicht heilen wir uns gegenseitig, Ladys, mit einem großen Freundinnensegen. Bloß blöd, dass der noch nicht ausreicht, denn, jetzt mal rein rechnerisch, den gibt es umsonst, weil Liebe nichts kostet. Während die anderen Maßnahmen in Heikes Gesicht – die man ja alle nicht sehen sollte, das war das Wichtigste – mittlerweile wohl dem Wert einer Eigentumswohnung in Bestlage entsprachen. Die ich jetzt zum Beispiel schon gerne sehen würde, ja, dort würde ich auch gern einziehen. Aber in meinem Gesicht, also, da wohne ich schon, da brauche ich doch nicht noch extra dafür zu bezahlen! Das wäre ja, als würde ich jeden Abend vorm Schlafengehen Miete für meine Träume bezahlen und morgens für die Beine. Wo käme ich denn da hin! Nirgendwohin, genau.

Heike nippte an ihrem Prosecco Spritz. Selbst bei ihren Drinks durfte die Spritze nicht fehlen, und wieder einmal wollte sie mich bekehren. »Stanzi«, sagte sie. »Es wird höchste Zeit, sonst siehst du bald so alt aus, wie du bist.«

Ich nahm es mit Humor, verzog mein Gesicht faltenfördernd zu einer Grimasse, die mich noch viel älter aussehen ließ, und sagte: »Glaubst du wirklich?«

Heike nickte. »Wir hier in Deutschland fangen ja insgesamt viel zu spät damit an. Weißt du, in den USA, da legen sie schon in der Highschool los. Da sind uns die Amis echt einen Schritt voraus, denn je früher man anfängt, desto weniger sieht man dir später an, dass du was hast machen lassen.«

»Also ehrlich, in meiner Schulzeit wollte ich vor allem älter aussehen«, gestand ich ihr.

»Ich wünschte, die Schönheitschirurgie wäre in meiner Jugend schon so weit gewesen wie heute«, seufzte Heike.

»Jugend im Krankenhaus, nee danke«, wies ich eingedenk meines Höhensonne-Unfalls zurück. Damals sah es zwei, drei Tage so aus, als bräuchte mein Gesicht einen Eingriff durch plastische Chirurgie. Ich meine, jetzt mal allein das Wort Eingriff. Da wird wo reingegriffen, was doch aber eigentlich ganz gut funktioniert, so, wie es ist. Soll es funktionieren oder gut aussehen? Idealerweise beides. Drei Wochen lang hat Heike seinerzeit nach den Hyaluronfäden im Gesicht den Mund nicht mehr aufgekriegt. Zähneputzen, hat sie uns erzählt, war die reinste Tortur! Kostete sie auch einen Zahn, aber den ließ sie sich neu machen, als Implantat.

Es bringt mich immer total durcheinander, wenn ich mich zu lange über Was-machen-Lassen unterhalte. Auf einmal ist Was-machen-Lassen normal. Ich habe volles Verständnis für jeden Menschen, der Angst vorm Älterwerden hat. Aber man kann sich ja mal fragen, was dahintersteckt, denn oft glauben die Leute, alt wäre das Gleiche wie krank. Und das stimmt ja nicht. Ich kenne einige Leute, die über vierzig (also echte Greise) und total gesund sind. Das schmälert meine Angst, aber was mir richtig Angst macht, ist der Beauty-Wahn. Früher gab es Tupperpartys. Heute geht man zur Spritzenparty. Idealerweise ist eine Ärztin eingeladen, oft aber nur jemand, der ein Händchen dafür hat. Ein bisschen Prosecco, ein paar Schnittchen – wer ist die Nächste? Bisschen Tittchen hier, bisschen Lippchen da und vor allem bisschen Speck-Ex dort, und, nicht zu vergessen, die Lidchen. Aber das ist nicht so niedlich, wie es klingt, es tut echt weh und kostet, wie gesagt, eine Menge Geld.

Heike zum Beispiel hatte ich schon lange nicht mehr gesehen. Sie arbeitet quasi rund um die Uhr, um es sich leisten zu können, in ihrer kargen Freizeit ein paar »chens« entfernen zu lassen. Aber dann kam der Lockdown, und ich blätterte in meinem Adressbuch und hatte auf einmal total Sehnsucht nach Heike. Wie geht es ihr, was macht sie?

Auf jeden meiner Anrufe folgte eine SMS. »Sorry Süße, aber ich hab grad so viel zu tun melde mich #lieb dich.« Im Netz postete sie kein neues Bild mit Filter von sich. Ich machte mir Sorgen, und kaum war es erlaubt, klingelte ich an ihrer Tür. »Wer ist da?«, erklang es aus der Gegensprechanlage.

»Ich bin's.«

»Wer?«

»Ich.«

»Ach so, du.«

»Ja, ich.«

»Oh, ähm, du, ich bin schrecklich erkältet, tu dir das nicht an, ich will dich nicht anstecken.«

»Corona?«, fragte ich.

»Nein, nein, stinknormaler Katarrh.«

»Brauchst du was?«

»Nein, alles okay.«

Als ich Heike einige Wochen darauf zufällig im Wartezimmer unserer Zahnärztin traf, erkannte ich sie tatsächlich fast nicht mehr. Beim Spritzen war wohl etwas schiefgegangen, genauer gesagt ein Nerv verletzt worden, wie Heike mir mit verwaschener Sprache, als wäre sie betrunken, unter Tränen erzählte. Ihre rechte Gesichtshälfte war gelähmt, die linke hatte nur noch entfernt Ähnlichkeit mit Heike. Ich war so erschüttert, dass ich nur mit ihr weinen konnte. Was für ein entsetzliches Missverständnis! Schöner wollte sie sein, und dann wurde alles ganz schlimm. Das kannte ich bisher eher von Billig-Botox.

Nein, darauf würde ich mich nicht einlassen, schwor ich mir. Und schon gar nicht auf ein Sonderangebot, wie es mir neulich in einer Anzeige offeriert wurde. *Zwei Brüste zum Preis von einer.*

Also, wenn ihr glaubt, was machen lassen zu sollen, Ladys, dann bei Fachleuten. Weil wir es wert sind! Oder lasst es bleiben, egal, was ihr macht oder nicht. Ich finde es am wichtigsten, dass wir uns selbst treu sind und zu nichts überreden lassen. Denn manchmal sagen wir einfach zu schnell Ja. Weil es alle machen. Und warum machen es alle? Weil es alle machen. Das ist doch kein Grund! Und wir können uns auch mal fragen, ob wir damit nicht brutal Druck aufbauen, HD HAB DRUCK von innen quasi.

Bei mir ist das gar nicht so einfach, denn in meiner Brust wohnen ja mehrere Damen … und die Figuren meines Typenkabaretts haben alle eine andere Meinung zum Thema Schönheit im Alter, und natürlich hat jede recht!

Alter Ego

Wir alle haben ja unsere Beraterinnen. In der Regel die beste Freundin, die zweitbeste Freundin, die drittbeste Freundin …

Als Künstlerin kenne ich noch ein paar mehr. Die heißen nicht Freundin, sondern Ego, und das auch noch in alt. Will man eigentlich nicht haben, altes Ego … aber! Ladys! Mein bestes Alter Ego, das zweitbeste Alter Ego und das drittbeste, die haben echt ein paar coole Ideen zum Thema, und ich hab mir überlegt, ob ich … hoppla … jetzt hätten sie mich fast aus dem Buch geschubst … hallo, geh du mal weg … ich schreibe hier …. oder???

Das echt alte Ego, meine *ewig sechsundsiebzigjährige (forever young!) Oma*, schlägt sich den Weg ins Buch mit ihrem Krückstock frei:

Was ich übers Alter denke? Du musst es erst mal so weit schaffen. Viele schaffen das ja gar nimma. Und wenn man's so weit schafft, dann hat das Alter ja nur Vorteile. Weil, du bekommst überall einen Platz angeboten und musst dich nirgends mehr anstellen. Ja, freilich nicht! Man kann direkt an allen vorbeilaufen und sich ganz vorne in die Reihe stellen. Geh, und wenn dann jemand sagt: »Hey, Sie, hallo! Hinten anstellen!«, kann man ja sagen, wie's is: »Jessas, ich hab Sie gar nicht gsehn! Ja stehn Sie denn scho länger da?« Dann haben die Leut immer großes Verständnis.
Wenn man älter ist, hat man auch schon so viel Lebenserfahrung, die kann man weitergeben, an die Jüngeren. Geduld zum Beispiel, das haben ja die jungen Leute gar nicht mehr. Das kann man ihnen sehr gut vermitteln. Wenn man jetzt zum Beispiel an der Kasse steht, gell, und die jungen Leut sind wieder so in Eile, dann einfach erst mal in aller

Ruhe die Tasche aufmachen, den Geldbeutel raussuchen und gemütlich das Kleingeld abzählen. Denn ich hab's ja immer passend. Gell, dann müssen sich die jungen Herrschaften in Geduld üben. Und das ist ja eine Tugend, gell, und woanders zahlen sie dafür auch noch im Yogastudio für Achtsamkeit, bei mir gibt's das umsonst.

Ich bin da eine Meisterin, ich bin von Haus aus geduldig. Bei meinem Mann hab ich sechsundfünfzig Jahre gewartet, bis ihn die Englein geholt haben. Aber sein Lächeln seh ich immer noch vor mir, im Wasserglas auf meinem Nachtkasterl.

Schaun's, Altern hat nur Vorteile. Wenn man Sie aus dem Verkehr zieht, gell, wegen einer Polizeikontrolle, und der Herr Polizist Sie darauf aufmerksam macht, dass Sie nach Alkohol riechen, gell, dann kann man's immer auf die Medikamente schieben. Ist doch herrlich.

Davon lässt sich *die Fitnesstante mit ihren ewigen fünfundzwanzig Jahren* nicht blenden oder besser gesagt anhauchen. Ihre Meinung:

Was ich übers Alter denke? Nichts. Kommt bei mir nicht vor, denn wer Sport treibt, der altert nicht. Oder besser gesagt, wer mehr Sport macht, altert nicht, nein, noch besser gesagt, wer noch mehr Sport macht, altert nicht. Deshalb bleib ich auch nicht stehen, während ich dir das sage, sondern hebe mal das rechte, mal das linke Knie zur Nase, im Wechsel. Ich sag immer: Nur mit straffem BBP, Bauch, Beine, Po, klappt's auch mit der Libido! Wechsel. Außerdem: Wer zwölf Stunden am Tag trainiert, hat gar keine Zeit fürs Altern! Wissenschaftler haben übrigens herausgefunden, dass du dich mit Sport nicht nur verjüngen, sondern auch dein Leben verlängern kannst, und das ist doch was Feines, Wech-

sel. Wenn du also dreitausendneunhundertsechsundsiebzig Stunden mehr Sport in deinem Leben betreibst, dann bekommst du am Ende des Lebens eine fünfzehnminütige Nachspielzeit, Wechsel, da könntest du am Ende glatt noch ein Tor schießen und dann: Wechsel.

Und dann *Cordula Brödke, ewige, hmmm Alter vergessen.* Mein allerliebstes junges Ego. Hey, Cordula, hast du kurz Zeit, was denkst du übers Alter?

Was ich übers Alter denke? Was jetzt genau? Du meinst so Falten und so??
Ich habe kein Problem mit Alter, weil Altern ja was für Alte ist! Und ich bin ja noch jung! Aber wenn man mal bedenkt, ich finde schon, dass in letzter Zeit die Zeit ganz schön schnell vorbeigeht! Aber das ist nun mal der Zahn der Zeit, und viele haben auch nicht mehr so viele Zähne!
Ja gut, wenn jetzt jemand halt trotzdem schon so Falten im Gesicht hat, dann kann man auch sagen, der hat halt schon was erlebt! Gell, weil Falten sind ja die Stationen in deinem Leben gewesen. So, wo man mal ausgestiegen ist und dann was erlebt hat und dann wieder einsteigt und weiterfährt. Das kann man dann in den Gesichtern sehen. Ich hab jetzt noch nicht so viele Falten, aber das kommt daher, weil ich in meinem Leben jetzt noch nicht so viel ausgestiegen bin. Ich bin noch voll in Fahrt. Ich steig dann eben erst später aus.
Aber wenn du schon welche hast, so Ausstiegsfalten, dann mach doch mal was Tolles damit. Nimm doch mal einen Stift und verbinde die ganzen Stationen in deinem Gesicht miteinander. Das ist dann wie beim Malen nach Zahlen, und das weiß ja jeder, dass beim Malen nach Zahlen immer ein ganz tolles Bild rauskommt! Du wirst sehen, du hast danach ein völlig neues Selbstbild.

Das sagt auch *Victoria Witchpopp aus Pfrischhhhhh, Alter variabel.*

Was ich denke über Alter? Was meinstn du? Ich chabe kein Problem mit Alter, ich chabe Alter. Das heißt, ich hatte Alter! Aber der ist kaputt, das war jetzt schon der …. puh, ich weiß nich, hob aufgehört zu zählen, kommt neue! Männer altern schnell, und dann sind sie kaputt! Ich chabe kein Problem mit Alter, Alter mach ich neu. Schaust du! Wir sind nicht empfindlich, wozu gibt es Wodka, brauchst du keine Narkose. Schaust du, wo ist das Problem. Ich habe extra Beauty Wochenplan aufgestellt: Montag Fettabsaugen, das ist praktisch, weil Dienstag ich mach Eigenfett-Unterspritzung in Popo, Mittwoch ich ziehe Gesicht wieder hoch, und Donnerstag gibt es zwei neue Brüste. Freitag ich mach Botox-Boxenstopp, und Wochenende wir feiern, mit alle! Warum? Damit am Montag wieder genug Fett da ist. So chaben wir nachhaltige Wirtschaft angekurbelt, alles mit nachwachsenden Rohstoffen. Das ist Win-win für alle. Schaust du, Altern ist kein Problem, machst du einfach weg!

Da ist die *Managerin* ganz anderer Meinung: Mein letztes Alter Ego wünscht sich nämlich Falten! Sie leidet an ihrer Schönheit, aber vor der OP, nicht danach:

Ich sehe perfekt aus, ich habe keine Falten, nicht mal Lachfalten, keine Krähenfüße, keine Altersflecken, und ich bin blond, eine Mischung aus Heidi Klum und Scarlett Johansson. Und das ist mein Problem, denn ich werde nicht für voll genommen. Die Männer schmeißen sich vor mir in den Dreck, vor Verlobungsringen kann ich mich kaum retten. Aber meine Herren, ich bin nicht die Trophäe, die Sie später zu den Tischtennispokalen in die Schrankwand stellen!

Titel hin oder her, Abschluss, Ausbildung hin oder her. Wenn ich einen Vortrag halte, schaut mir keiner ins Gesicht, alle schauen auf meine von Natur aus perfekt geformten Brüste und dann gleich einen Blick weiter auf meine schönen endlos langen Beine.

Ihr würdet sofort mit mir tauschen wollen? Gerne doch! Würde ich auch sofort, aber ich warne euch! Auf Dauer macht das nicht glücklich. Ich sehne mich nach Alter! Wenn ich nicht mehr so perfekt aussehe, werde ich endlich ernst genommen, denn dann bekomme ich Anerkennung für meine Leistung, nicht für mein Aussehen.

Ich sehne mich nach Altersflecken, Falten und Leben im Gesicht. Wenn ihr mich fragt, ich kann es kaum erwarten, älter zu werden!

Und ich?

Was mach ich jetzt?

Ich meine, klar ist es schön, so viele Stimmen im Kopf zu haben.

Doch welcher soll ich glauben?

Ladys, ich brauch jetzt mal ne kurze Pause, ich muss backstage was klären.

Vorhang.

Geld ist Männersache?

**Es ist ein Missverständnis, zu glauben,
dass Frauen nicht mit Geld umgehen können.**

Wie wäre es, man gibt ihnen einfach mal genug?

Ich habe mir nie groß Gedanken über Geld gemacht, stattdessen schön den Geldfluss aufrechterhalten. Sobald Geld da war, weg damit, Wirtschaft unterstützen, Konsum ankurbeln, Wachstum. Und wenn keins da war … dann kam irgendwoher immer neues. Damit einher gingen ständig neue Briefe, nicht blau, wie in der Schulzeit, sondern grau. Weil mir die Farbe nicht gefiel, legte ich sie irgendwohin und vergaß sie. Das Finanzamt jedoch vergaß mich nicht und wollte mich eines Tages höchstpersönlich kennenlernen. Und da half es mir erst mal nichts, dass ich beteuerte: Das war alles nur ein Missverständnis!

Liebe Ladys!

Denkt an eure Zukunft, auch wenn ihr mit zwanzig Euro Sparguthaben beginnt wie Madame Moneypenny https://madamemoneypenny.de

Und wenn ihr darüber hinaus in die richtigen Aktien investiert, nämlich eure eigenen, seid ihr irgendwann Millionärinnen! Innen und außen! Es ist nicht nur sexy, Geld auszugeben, sondern auch, Geld zu haben! Eigenes! Angenommen, mir fällt eine Handtasche ins Auge. Da will ich doch direkt ran, nicht erst einen Mann dafür becircen und ihn darauf hinweisen, dass mir die Tasche gefällt, ich meine, wir wissen doch, wie begriffsstutzig Männer in Taschenfragen sein können. So ein Mann und eine Handtasche, die haben doch nichts miteinander zu tun, außer, der Mann sollte mit seiner Hand in seine Tasche greifen, um Geld herauszuziehen, das er der Frau aushändigt, damit sie die Handtasche kaufen kann.

Ladys! Das ist to-tal umständlich! So war das vielleicht früher mal. Heute haben wir eigenes Geld in unserer Hand und leisten uns davon Taschen und Finanzberater*innen, die unser Geld vermehren, damit wir in die eigene (neue!) Tasche wirtschaften und selbst entscheiden, wie wir unsere Einkünfte ausgeben! Erst recht, wenn wir zu zweit sind.

Merke:
Wenn du eine glückliche Beziehung führen willst,
brauchst du finanzielle Unabhängigkeit.

Glückliche Beziehungen gibt es zwischen Abhängigen nur sehr kurzfristig, nämlich solange die Beschichtung der rosaroten Brille hält. Falls du wegen der Kinder zu Hause bleibst, kann Unabhängigkeit durch eine hälftige Überweisung der Einkünfte deines Mannes hergestellt werden, idealerweise gleich von seinem Arbeitgeber, so spart ihr häusliche Diskussionen. Alles klar? Prima. Denn das war mal § 1.

Nun zu den Kommentaren und Ausführungsbestimmungen.

Männer investieren, Frauen konsumieren!

Mein Mann ist etwas angespannt, bloß weil ich einmal ein bisschen länger an einer Schaufensterscheibe in der Innenstadt stehen geblieben bin. »Jetzt komm weiter, was schaust du denn da so ewig lang rein?«, will er wissen.

»Wieso lang?«

»Ewig.«

»Schmarrn.«

»Muss ich mir Sorgen machen? Leidest du jetzt etwa unter der Schaufensterkrankheit?«

»Haha, sehr witzig, komm doch mal bitte her.«

»Wieso?«

»Weil da so was von dermaßen mein Name draufsteht.«

»Wo?«

»Na da.« Ich deute drauf.

»Das?«, fragt er entsetzt.

»Das ist kein DAS, das ist ein Rock. Korrektur: Das ist *der* Hammerrock.«

»Ich dachte, das wäre Deko«, platzt er heraus.

Innerlich verzweifle ich. Wie kann man diesen ultimativen bodenlangen Tüllrock, einen Hauch von Türkis mit Neonfarben, für Deko halten?

»Ein Traum«, seufze ich und sehe mich schon darin. »Ich wäre eine Mischung aus allen Disney-Prinzessinnen gleichzeitig!«

»Wohl eher ein regenbogenfarbenes Einhorn auf einer Balkanhochzeit«, versucht mein Mann, mich weiterzuziehen.

»Aber das ist ja noch viel besser!«, rufe ich entzückt. Ich liebe regenbogenfarbene Einhörner, seit ich der völlig Einhorn-vernarrten Mama Maike in dem Hörspiel *Das Pummeleinhorn* meine Stimme verleihe.

Auf der Suche nach dem Preisschild für den Traum in Tüll kneife ich die Augen zusammen. Autsch!

»Spatzerl, den brauchst du nicht, ehrlich, das wäre eine total sinnlose Ausgabe«, versucht mein Mann, mich vom Schaufenster wegzuziehen. Aber das geht nicht. Mir sind Bärenkräfte erwachsen. Ich! Will! Diesen! Tüll!

»Gib dein Geld doch lieber für Sachen aus, die sich lohnen!«, versucht er es weiter.

»Ich wüsste nicht, was sich mehr lohnt als dieser Tüll!«

»Das ist doch alles Tüdelütt. Lieber investieren, Constanze, als konsumieren.«

Dreifach Autsch: Tüll ist kein Tüdelkram, Constanze kein Kosename und Konsumieren kein Kompliment.

Ich frage mich, was sich in den Augen meines Mannes für mich lohnen würde. Eine Bratpfanne? Ist ja vielseitig verwendbar. Nein, zu altmodisch. Dann schon lieber so ein Thermomixer. Ein paar meiner Freundinnen haben einen, um sich aus super Wellfood einen grünen Smoothie zu machen. Kostet auch deutlich mehr als der Traum in Tüll. Fängt aber dafür auch mit T an. Und wäre definitiv investiert statt konsumiert, denn konsumieren würde dann ja mein Mann. Ich koche, er isst.

Aber ich mag keinen Thermomixer, weil ich mit meinem Pürierstab rundum zufrieden bin, und habe ich schon erwähnt, dass ich Obst hasse? Außer gepresst, vergoren und gut verkorkt.

Ich überlege, wie ich auf den Kommentar meines Mannes reagieren soll. Habe ich gerade Lust auf eine Szene, und wenn ja, auf welche?

a) Ich erkläre ihm, dass Frauen Männer nicht ernst nehmen können, die Konsumieren mit Haushalten verwechseln.

b) Ich schicke ihm einen Link zum Equal Pay Day mit vielen Smileys, damit er mich zur Wiedergutmachung in Tüll hüllt, den ich aber erst akzeptiere, wenn er dafür stimmt, dass Frauen den gleichen Lohn für gleiche Arbeit bekommen.

c) Ich breche auf der Straße mit einem Weinkrampf zusammen und erkläre laut, dass ich ohne diesen Tüllrock nicht mehr leben kann.

d) Ich komme morgen noch mal und hol mir den Rock.

Klarer Fall, ich entscheide mich für e!

e) Ich kaufe mir den Rock jetzt. Sofort!

Dies möchte ich meinem Mann verkünden. Aber … wo ist er? Mein Mann ist weg. Geflohen? Nein, er steht ein paar Schaufenster weiter und drückt sich die Nase platt. Sinnigerweise ist es ein Fahrradgeschäft. Die kennen sich aus mit Platten. Kaum habe ich mich bei meinem Mann untergehakt, um ihn zum Tüll zu ziehen, entwindet er sich mir. »Ich geh da mal kurz rein«, sagt er mit einer Entschlossenheit in der Stimme, die zeigt: Hier steht ein Mann, und der muss jetzt dringend investieren. Sonst geht die Welt unter. Also seine.

Mein Handy klingelt. Ich telefoniere sehr lange. Mona will meine Meinung hören, weil ihr Freund Peter ausgeflippt ist, weil Mona ihrer besten Freundin zum Vierzigsten einen Wellnessgutschein für einhundertfünfzig Euro geschenkt hat. Peter kann die Freundin nicht ausstehen und sieht nicht ein, dass er den Gutschein bezahlen soll.

»Aber das war doch euer Deal!«, rufe ich. »Du kümmerst dich um die Kinder und er um die Kohle.«

»Ja, aber nicht um Extras.«

»Welche Extras?«

»Peter meint, ich hätte ihn fragen sollen, bevor ich den Gutschein kaufe.«

»Du sollst deinen Mann fragen, ob du ein Geschenk für deine Freundin kaufen darfst?«

»Ja, weil er sie doch nicht mag.«

»Aber es ist doch deine beste Freundin.«

»Ja schon, aber es ist sein Geld.«

»Wieso, ich dachte, ihr macht halbe-halbe?«

»Im Prinzip ja.«

In diesem Moment kommt mein Prinz strahlend aus dem

Laden, eine große Tüte in der Hand. Darin eine Compact-Dingsbums-Kettenführung mit allem Tüddelkram, der bei ihm »Basics« heißt, für sein Mountainbike.

»Bitte wie viel?«, frage ich entgeistert, als ich den Kassenbeleg sehe.

»Ein Schnäppchen«, strahlt er, der Freude daran hat, sich auszupowern und Muskeln und Kondition aufzubauen, und sich nun ein Gimmick gekauft hat, das sein Fahrrad 2,4 Gramm leichter macht. »Da spare ich total viel Kraft«, erklärt er mir.

So kommen wir zu § 2: Männerlogik fällt unter mildernde Umstände.

Das ist nämlich so: Sie können nichts dafür. Sie sind Jäger. Sie bringen Trophäen mit. Und wir sind Jägerinnen und Sammlerinnen. So kommen wir zu unseren Trophäen, wenn wir sie uns nicht selbst schießen. Was ich nun als Nächstes mache. Ich lege an, ich drücke ab, und der Tüll ist mein. Und das fühlt sich verdammt gut an. Ich liebe es, Ja zu schönen Dingen zu sagen, die mir ins Auge fallen. Ich liebe es, dass ich nicht rechnen muss, ob ich mir das pinke Blubberbrauseschaumbad für acht Euro leisten kann. Viele Jahre meines Lebens musste ich sehr sparsam leben, denn als Nachwuchskünstlerin lernt man schnell, dass die Kunst oft brotlos ist. Dank meiner Löwenmama wusste ich, wie Sparen funktioniert. Wir waren gezwungen zu sparen. Ich habe das sozusagen vom Pfennig auf gelernt. Aber deswegen war mein Charakter damals nicht besser.

Ihr kennt doch den Spruch: Geld verdirbt den Charakter. Stimmt nur bedingt, sage ich euch. Keins zu haben verdirbt den Charakter, weil du dann komische Sachen machen musst, um an Geld zu kommen. Jeder sollte genug zum Leben plus Extras haben! Und für hin und wieder einen Tüllrock, der natürlich kein Extra ist, sondern eine Investition in mein Glück.

»Wie?«, fragt mein Mann. »Du hast doch schon so viele Röcke.«

»Aber keinen solchen.«

»Na ja, ist ja dein Geld, das du da aus dem Fenster wirfst.«

»Du redest wie meine Oma«, sage ich.

»Deine Oma war eine kluge Frau«, sagt er.

Damit hat er recht, aber auch kluge Frauen täuschen sich gelegentlich, zum Beispiel, wenn sie glauben, sie machen einen guten Deal, indem sie sich einen reichen Mann angeln. Sie denken, sie wären dann aus dem Schneider. Aber an einem Schneider hängen eben auch Scherereien dran.

Es stimmt übrigens auch nicht, dass Geld stinkt, ich habe das in einem Selbstversuch ausprobiert. Die Zehneuroscheine riechen allerdings etwas strenger als die Zwanzigeuroscheine. Ja, klar habe ich mehrere beschnuppert, das war eine seriöse Studie. Dabei ist mir auch aufgefallen, und das hat mich echt schockiert, dass Fünfzigeuroscheine häufig nach Spülmittel riechen, während Hunderteuroscheinen ein Hauch von Aftershave anhaftet. Muss ich deutlicher werden? Gewiss nicht. Warum sollte Geld Männersache sein? Weil wir Frauen glauben: »… damit kenn ich mich nicht aus, davon will ich nichts wissen, viel zu kompliziert, da kümmert sich mein Mann drum, das hat mein Papa immer für mich gemacht, das macht mein Bankberater.« Auch die Lehman Brothers sind vermutlich keine Sisters. »Tut mir leid, es konnte ja keiner wissen, wie sich die Aktien entwickeln. Tut mir leid, bei diesem Vertrag macht allein die Versicherung Profit. Tja, da steht es doch im Kleingedruckten, aber es ist wirklich sehr klein gedruckt.« Alles weg. Futsch. Warum?

Was für die meisten Männer vollkommen normal ist, ist für uns immer noch unangenehm. Was ist so verwerflich an Geld, Money, Kröten, Kohle, Cash, Kies, Mäusen, Moos, Zaster, Moneten, Pinkepinke, Knete, Diridari? Klingt doch hübsch, und hübsche Sachen will ich haben!

Aber wie das mit dem Geld funktioniert, habe ich erst vor einigen Jahren kapiert. Nämlich, als ich mit Anfang dreißig den ersten dieser Briefe bekam.

Neues aus der Anstalt

Ich fand das erst mal nur lustig. Die Rentenanstalt schreibt mir. Wie darf man sich das vorstellen, eine Anstalt, wo man als Rentner nach getaner Arbeit einziehen darf? Kann man sich die aussuchen? Ich wüsste schon, wo meine wäre. Nein, nicht im Fernsehen, in echt!

Während ich den Brief öffnete, sah ich meine herrliche Anstalt vor mir. Mit einer wunderschönen Parkanlage, auf einem riesigen Seegrundstück. Eben fuhr winkend der Gärtner auf einem mit Elektromotor angetriebenen Minitraktor vorbei. Wie rücksichtsvoll hier alle waren. Und total nett! Jeder hatte seine eigene kleine Wohnung mit Balkon, es gab dreimal täglich leckeres Essen. Vormittags konntest du auf einem Speiseplan ankreuzen, worauf du Lust hattest, von Ananas bis Zanderfilet.

Natürlich ließ auch die Getränkekarte keinen Wunsch offen. Es wurde sogar Gin Tonic serviert, das fand ich toll und auch folgerichtig: Warum im Alter auf alles verzichten, wenn doch schon meine Schönheit dahingeschmolzen wäre? Den Gin Tonic würde ich allabendlich an der Bar genießen. Dann noch 'ne Runde das Tanzbein schwingen beziehungsweise den Rollator, und vor Mitternacht, weil man im Alter auf die Gesundheit achten sollte, ab ins Boxspringbett, alles wohlverdient. Dafür habe ich mein Leben lang geschuftet.

Deshalb konnte die Zahl auf meinem Rentenbescheid, die auch heute noch nicht in Einklang zu bringen ist mit dem Wohnkomfort meiner Anstalt, nur ein Irrtum sein. Diese Zahl katapultierte mich aus der noblen Anstalt unter eine Brücke, wo ich mich in zerschlissenen Klamotten frierend an mein Pappschild klammerte: Rentnerin hat Hunger und bittet um eine Spende.

Damit es nicht so weit kommt, hat mir meine Freundin Anja dazu geraten, meine Finanzen selbst in die Hand zu nehmen. Gerade als Künstlerin. Sie selbst, Anja, brauchte sich um wenig zu kümmern, da sie festangestellt war. Doch auch sie hatte jetzt bereits zwei private Zusatzrentenversicherungen. Und so was sollte ich auch abschließen.

»Aber wovon soll ich das bezahlen?«

»Rede doch mal mit einem Bankberater oder einer Vermögensverwalterin«, schlug sie mir vor.

»Ich habe kein Vermögen!«

»Na, dann brauchst du die Beratung erst recht.«

Als treue Freundin befolgte ich Anjas Rat. Leider brachte mir das keine Erleuchtung, nur einen Sack voller Fragezeichen. Deshalb unterschrieb ich dann auch, was der nette Berater mir vorlegte. Der kannte sich aus, der hatte das vermutlich studiert, das hatte ich im Gespräch ja gemerkt, denn ich hatte überhaupt nichts von dem verstanden, was er mir erklärte, also musste er sehr erleuchtet sein.

Mit einem guten Gefühl verließ ich die Bank. Ich brauchte mir nun keine Sorgen mehr zu machen. Meine Unterschrift hatte meine Zukunft in der noblen Anstalt besiegelt. Ich fand es Zeitverschwendung, dass Anja sich den Vertrag durchlas, ich meine, das waren mindestens zwölf Seiten und ganz viel

Kleingedrucktes. Doch Anja ließ sich nicht davon abbringen, und während ich einen Gin Tonic schlürfte, stieß sie alle paar Minuten empört eines von diesen Wörtern aus, die ich schon bei der Beratung nicht verstanden hatte: Dividende, Nullzins …

Am Ende sagte Anja: »Das kündigst du sofort.«

»Aber du hast mir doch aufgetragen, dass ich so was abschließe.«

»Ja, aber doch nicht irgendwas. An dem hier«, sie wedelte mit den Papieren herum, »verdient nur die Bank.«

»Aber das ist doch der Beruf des Beraters, dass er mich berät. Ich muss mich schließlich um andere Sachen kümmern. Um meinen Beruf!«, war ich ein bisschen eingeschnappt, weil sie mich gar nicht lobte.

»Du kündigst!«, befahl Anja mir. So resolut hatte sie noch nie mit mir gesprochen.

Ich dachte, okay, kündigen geht schnell. Aber prinzipiell habe ich echt keine Zeit und keinen Nerv, mich jetzt auch noch um Geld zu kümmern, wenn der Bankberater das nicht auf die Reihe kriegt. Hatte ich noch nie, konnte ich noch nie, weil … Äh, warum eigentlich?

Am nächsten Morgen wollte ich erst gar nicht kündigen. Aber dann hörte ich im Autoradio ein Interview mit einer tollen Frau, die eine klare Botschaft hatte: Du musst dich selbst um deine Angelegenheiten kümmern, du darfst es nicht einfach so aus der Hand geben.

Sie und Anja haben mich vor einem finanziellen Desaster bewahrt. Ich bin nicht nur mit einem, sondern mit zwei blauen Augen davongekommen.

Ladys! Ja, es ist mühsam, sich mit Finanzen rumzuschlagen, aber es ist unabdingbar. Nicht nur wegen der Altersarmut, sondern auch, um es sich leichter zu machen. Wir haben so ein Glück, hier und heute zu leben.

Bis Ende der 1950er-Jahre, und du kennst bestimmt jemanden, der so alt ist, galt das Letztentscheidungsrecht des Ehemannes in allen Eheangelegenheiten. Beruf, Führerschein, Kindererziehung, eigenes Geld und Konto – das Gesetz regelte alles zugunsten des Mannes. Bis 1958 konnte der Mann, wenn es ihm beliebte, den Anstellungsvertrag seiner Frau, die ja nicht als geschäftsfähig angesehen wurde, nach eigenem Ermessen und ohne deren Zustimmung fristlos kündigen. Weil er schließlich ein Recht auf ein warmes Mittagessen hatte. In Bayern mussten Lehrerinnen darüber hinaus zölibatär leben wie Priester – heirateten sie, hatten sie ihren Beruf aufzugeben. Das Geld der Frau war automatisch das Geld des Mannes, und er konnte nicht nur über das Einkommen seiner Frau verfügen, sondern auch über das Geld, das sie mit in die Ehe brachte. Mei Geld is mei Geld, und dei Geld is a mei Geld. Außerdem war die Ehefrau gar nicht befugt, ein eigenes Konto zu eröffnen. In den 1960ern konnten Ehemänner ein Veto gegen die Berufstätigkeit ihrer Frauen einlegen. Erst nach 1969 wurde eine verheiratete Frau in der Bundesrepublik Deutschland als geschäftsfähig beurteilt. Bis 1976 waren Frauen bei der Eheschließung verpflichtet, den Namen ihres Gatten zu übernehmen. Ich schwöre sofort: Ich mache mich nie wieder über einen Doppelnamen lustig, großes Ehrenwort!

Gscheidhaferl

Was für ein Glück, dass es Gscheidhaferl gibt! So wie Anja oder auch Annika, ja genau, die aus Pippi Langstrumpf. Die war so vernünftig und konnte toll schreiben, lesen und vor allem gut rechnen. An dieser Stelle möchte ich allen kleinen und großen Annikas danken. Und hier spreche ich als Pippi Langstrumpf! Ihr habt uns immer wieder auf den Boden der Tatsachen geholt. Auf eurer Arbeit basiert unsere Freiheit. Auf euren Schultern stehen wir, die Nachgeborenen. Ihr habt uns viele Steine aus dem Weg geräumt. Hundert Punkte für alle klugen, mutigen Frauen, lebenslänglich und täglich! Danke!

Seit einiger Zeit höre ich mir beim Autofahren Podcasts an, häufig zum Thema Geld. Allerdings nur von Frauen, denn ich bin der Meinung, Frauen können die Logik des Sparens besser vermitteln als Männer. Rechnen wir Frauen doch auch gerne im kleinen Zahlenraum. Hinten im Buch findet ihr eine Liste mit Frauen, die mich inspiriert und weitergebracht haben, zum Nachlesen und Reinhören.

Ich selbst habe ein paar Dinge umgestellt. Die Grundidee stammt von der bezaubernden Madame Moneypenny, die mit Kontosäulen arbeitet. Ich habe mir folgende Konten angelegt.

Hauptkonto: Gehalts- und Alltagskonto

Für alle meine Einnahmen. Fünfzig Prozent davon benötige ich für die laufenden Kosten. Ich habe Glück gehabt – meine Miete verschlingt nicht mehr als zwei Drittel des Einkommens, wie es bei manchen Leuten in München der Fall ist. Außerdem zahle ich ja nur die halbe Miete, da ich mit meinem Mann zusammenwohne. Also nimm mein Beispiel einfach als Idee … Von den fünfzig Prozent auf diesem Hauptkonto bezahle ich außer der Miete auch das Auto, Handy, Essen … Alltagsdinge. Die zweiten fünfzig Prozent verteile ich auf fünf weitere Konten.

Verrechnungskonto für Aktien / Altersvorsorge

Hier kümmerst du dich um deine Zukunft. Warum nicht mit Aktien-ETFs? Diesbezüglich kannst du sehr viel von Madame Moneypenny lernen. Sie erspart dir den Umweg über einen Finanzexperten. Sei deine eigene Expertin, du kannst das! Und wenn du mit zwanzig Euro im Monat anfängst.

Da ich als nicht festangestellte Künstlerin sehr umsichtig für mein Alter vorsorgen muss, stecke ich zwanzig Prozent hier rein.

Notgroschen & Steuerkonto, Tagesgeldkonto

Hier bewahre ich mindestens zehn Prozent meiner Einnahmen vom Alltagskonto auf. Diesen Notgroschen habe ich schon dringend gebraucht, wenn eine Steuervorauszahlung oder -nachzahlung anstand. Es gibt aber natürlich auch andere Notfälle. Zum Beispiel Corona. Ich war sehr froh, dass ich eine Weile überbrücken konnte. Die Übersicht über meine Finanzen hat mir auch so manche schlaflose Nacht erspart!

Ich habe mir ein Limit gesetzt für meinen Notgroschen: Drei bis sechs Monate Fixkosten möchte ich überbrücken können. Also drei bequeme oder sechs sehr, sehr sparsame Monate. Wenn ich die Summe, mit der ich das schaffe, angespart habe, überweise ich den Überschuss zu gleichen Teilen auf mein Wünsche- und Aktienkonto.

Wünschekonto

Zehn Prozent meines Alltagskontos landen hier. Mit diesen zehn Prozent finanziere ich alle Nicht-Alltags-Ausgaben: Klamotten, Spenden, Urlaube, Ausflüge, Geschenke und regenbogenfarbene Tüllröcke und so weiter.

Versicherungen

Ich addiere meine jährlichen Versicherungen und Sonderkosten und teile sie durch zwölf Monate. Dazu gehören Haftpflicht, Hausrat, Auto, Hundehaftpflichtversicherung. Bei mir sind das fünf Prozent vom Alltagskonto, die landen zur Deckung der Ausgaben auf diesem Konto.

Überraschungs- und Rücklagenkonto

Ich möchte keine allzu schlechte Laune bekommen, wenn die Waschmaschine mir signalisiert: Mach's doch selber! Deshalb überweise ich fünf Prozent vom Alltagskonto auf dieses Überraschungskonto und bin oft sehr froh um dieses Polster, denn irgendwas ist ja immer, ob das Auto Macken oder der Mops Zahnweh hat. Meine Freundinnen mit Kindern haben manchmal ein Ausbildungskonto für ihre Kinder angelegt. Das braucht Bruno Opel nicht.

Das System klappt bei mir sehr gut, es hat aber lang gedauert, bis ich meine vielen Vorurteile gegen Geld abgelegt hatte. Ich wollte gern viel Geld, aber nichts damit zu tun haben. Heute weiß ich, dass es so nicht läuft. Ich habe gelernt, dass meine Beschäftigung mit den Finanzen eine extrem gute Investition in meine Zukunft ist. Außerdem hat es mich selbstbewusster gemacht.

Und es ist ein viel schöneres Gefühl, dass ich Kontrolle über Geld habe, das mir gehört. Zudem schenke ich so wahnsinnig gern. Ich liebe es, anderen eine Freude zu machen, und wenn ich mein Portemonnaie öffne, um für einen lieben Menschen etwas zu kaufen, auf dem schon dessen Name steht, dann wird auch mein Herz weit.

Geld allein macht glücklich? Nein, das glaube ich nicht, aber es macht sorgloser. Ich glaube auch, dass es ein Missverständnis ist, zu glauben, Geld mache sexy. Aber Geld *ist* sexy. Vorausgesetzt, es ist das eigene!

Männer machen keine Fehler

**Es ist ein Missverständnis, zu glauben,
dass Frauen Männer brauchen,
um Entscheidungen zu treffen.**

Hallo, da bin ich wieder! Ich war nämlich kurz weg, und ich dachte, du auch. Ich habe mir ja extra für dieses Buch das Word-Programm zugelegt. Vorhin kam so eine seltsame Meldung von wegen irgendwas updaten, ich klickte auf okay, und dann fiel mir siedend heiß ein, dass mein letztes Back-up sehr lange zurücklag, genauer gesagt so lange, dass ich mich gar nicht daran erinnern konnte. Und schon gar nicht hatte ich mein Buchmanuskript ordentlich gesichert. Hektisch drückte ich auf mehrere Tasten, mir wurde heiß dabei.

»Alles okay, Spatzerl?«, fragte mein Mann.

»Puh, das war knapp.« Ich erzählte ihm, dass ich das Back-up vergessen hatte.

»Brauchst du nicht, Spatzerl«, sagte er. »Das macht der Rechner routinemäßig.«

»Wirklich?«, fragte ich, denn ich fand ein Back-up eigentlich total wichtig.

»Ja, ja, das läuft automatisch«, sagte mein Mann beruhigend. Hinzufügen sollte ich vielleicht, dass in unserem Haushalt ich diejenige bin, die mit Elektrogeräten spricht. Ich bin auch die Schrauberin bei uns. Mein Mann und Technik, das ist wie Zahlen und ich. Kommen nur Fehler dabei raus. Aber er ist mein Mann. Ich liebe und vertraue ihm. Und so fuhr ich den Laptop runter ohne Back-up, und dann kam eine komische Meldung, und dann WARST DU WEG!!!

Die folgenden Minuten gehören zu den schlimmsten meines Lebens. Du! Warst! Weg! Und ich habe keine Adresse von dir, nicht mal deinen Namen kenne ich, auch keine Nummer, nichts, nichts, nichts. Und das, wo wir doch gerade mittendrin sind, uns anzufreunden. Also von meiner Seite. Okay, okay, ich rede zu viel. Ich gestehe, dass ich dich noch gar nicht habe zu Wort kommen lassen. Aber das will ich, ehrlich. Deshalb war ich auch so nervös, dass ich drei Anläufe brauchte, um meine Computerärztin Andrea anzurufen. Während sie ein EKG an meinen Laptop anlegte, fragte sie beiläufig, ob ich vorher ein Back-up gemacht hätte.

»Ich wollte!«, rief ich.

»Und es hat nicht geklappt?«

»Nein, hat nicht geklappt«, sagte ich und fragte mich, warum nicht. Nun, die Wahrheit ist erschütternd: Weil ich die Meinung meines Mannes höher bewerte als meine eigene. Das sagte ich der Computerärztin natürlich nicht. Ist ja voll peinlich. Aber ich denke, dass es wichtig ist, solche Abstürze mal offenzulegen. Erstens merken wir dabei, dass wir nicht allein sind. Und zweitens ist es dann auch leichter, etwas zu verändern.

Nun gut, könntest du sagen und mir mildernde Umstände einräumen, wenn ich die Meinung meines Mannes über meine eigene stelle, bin ich selber schuld. Ist ja Liebe und so. Aber! Ladys! Er ist nicht der Einzige. Will heißen: Das passiert mir öfter, dass ich Männer ernster nehme als mich selbst. Wenn meine Computerärztin den Laptop nicht heile gemacht hätte, wäre mich das auch teuer zu stehen gekommen. Noch teurer war es bei Valerie …

Sie wollte mich besuchen. Wir hatten uns lange nicht mehr gesehen. Auf dem Weg von Hamburg nach Italien wollte sie in Bayern bei mir übernachten. Große Freude! Kuchen im Rohr, Prosecco kalt gestellt. Aber wo blieb sie? Stau? Ans Handy ging sie nicht. Zwei Stunden, nachdem sie bei mir hätte sein sollen, meldete sie sich mit kläglicher Stimme. Folgendes war geschehen: Kurz vor München fuhr sie an eine Tankstelle, weil die Windschutzscheibe völlig verschmiert war. Valerie dachte, sie sollte Wasser in die Scheibenwaschanlage füllen. Sie parkte, öffnete die Motorhaube, holte Wasser und wollte es gerade reingießen, da kam ein Tankwart zu ihr und fragte sie freundlich, ob er ihr helfen könne.

»Nein, danke, ich brauche nur Wasser«, sagte sie.

Er beugte sich dennoch über den Motorraum. Seine Hände waren schmutzig, ein Kriterium für seine Kompetenz, wie Valerie sofort erkannte. Ohne sie zu fragen, schraubte er einen Deckel auf. Komisch, dachte Valerie. Ist das nicht der Öldeckel? Aber seine Hände waren schmutzig, und er trug die Tankwartuniform.

Wie paralysiert sah Valerie ihm zu, wie er Wasser ins Öl goss.

Eine Stunde und viele Tränen später fragte ein Gelber Engel vom ADAC in Frauengestalt – ja, so was gibt es wirklich, und in Valeries Fall hatte er rote Haare und keine Flügel –, warum sie denn um Himmels willen den fremden Mann an ihr Auto gelassen habe. Valerie beichtete, dass er doch viel kompetenter wäre als sie, und führte Beweise an: Die Uniform! Die schmutzigen Hände!

»Die Uniform kriegt jeder, der auf der Tanke arbeitet«, klärte der Engel sie auf. »Und die dreckigen Hände … nun, dazu braucht es keine Ausbildung am Kfz. Das schaffen auch Kleinkinder.«

Dieses Missverständnis kostete Valerie alles in allem, sie war mit einem Mietwagen bei mir, knapp fünftausend Euro. Zum Trost schenkte ihr der nette Gelbe Engel ein Buch, hatte er selbst geschrieben über seine Erlebnisse auf der Straße mit Männern, die alles wissen, und Frauen, die immer die Schuld auf sich nehmen, auch wenn ER vergessen hat zu tanken. *Männer sind anders, Autos auch* heißt das Buch, und damit endet der Werbe- im Motorblock.

Angenommen, eine Frau hätte Valerie geraten, Wasser ins Öl zu gießen. »Was hättest du dann getan?«, fragte ich sie.

»Ich hätte gedacht, die hat keine Ahnung, und es so gemacht, wie ich es für richtig halte.«

Wir schauten uns betroffen an. Wir hatten viel zu bereden in den nächsten Tagen und auch viel Zeit, denn Valerie blieb nicht eine oder zwei Nächte, sondern sechs, weil die Reparatur ihres Wagens so lange dauerte, dass es sich letztlich nicht mehr lohnte, nach Italien zu fahren. Wir konnten das Problem der weiblichen Verzwergung nicht wirklich lösen, aber uns fielen viele Geschichten ein. Zum Beispiel ein Zahnarztbesuch. Valeries Schwester war am Ostersonntag eine Plombe rausgefallen, die von ihrem Zahnarzt erst drei Tage vorher eingesetzt worden war. Sie war ihrem Zahnarzt noch nie untreu gewesen und zitterte nun beim Notdienst in einer anderen Praxis, als eine Zahnärztin sie behandeln sollte. Wie komisch die sich benahm! Sie sprach während der Behandlung! Sie kündigte alles vorher an. Und am Ende sagte sie: »Ich denke, das hält.« So einen Einblick in seine Gedanken hätte ihr der vertraute Zahnarzt niemals gewährt. Er hätte behauptet: »Das hält«, und wenn was rausfiel, war die Patientin schuld, nicht der Arzt. Der nie erklärte, was er tat, wieso auch, war ja schließlich seine Praxis, und alle Gebisse, die hier verkehrten, hatten nach seiner Fasson zu klappern. Eine Geschichte nach der anderen fiel uns ein und dann nur noch die Kinnlade runter.

Wir entwickelten tolle Theorien zur weiblichen Verzwergung. Liegt es etwa an der Anatomie der Männer – breite Schultern denken besser? Ist Testosteron ein natürliches Intelligenzserum? Oder liegt es an den Genen – geh weg, ich mach das für dich?

Wir schworen, dass uns so etwas nie mehr passieren würde.

Dann fuhr Valerie ab, und mein Word-Programm hatte eine Frage an mich, die aber nicht ich, sondern mein Mann beantwortete, obwohl ich anderer Meinung war, und der Rest ist Geschichte.

Warum, Ladys, tun wir das? Wider besseres Wissen! Klar wusste ich, dass ich ein Back-up brauche, natürlich wusste Valerie, dass das Scheibenwischwasser nicht ins Öl gehört. Wasser in Öl, das kennen wir doch vom Kochen!

Versteht mich nicht falsch! Klar können Männer gewisse Dinge besser, und auch im Haushalt sind sie unverzichtbar. Zum Beispiel, wenn es um Logistik geht. Das liebe ich an Männern, weil sie so gut im Tragen sind. Auch Probleme können sie mit sich rumschleppen, ohne sich was anmerken zu lassen! Und in der Mitte von einkaufswütigen Frauen ragen sie als Fels in der Brandung auf. Bei Sturm, und der folgt naturgemäß, wenn Frauen shoppen, zaubern die wunderbaren Männer einen Leuchtturm auf ihren Fels, der ihren Frauen den Weg zurück zur Sicherheit und Ruhe zeigt. Bevor wir uns wieder in die Fluten stürzen.

Leuchttürme

Viele, viele kleine und größere Leuchttürme sehe ich auf meinen Shoppingtouren. Überall blinken die Leuchtfeuer im Kleidermeer. Frauen ratschen die Vorhänge von Umkleidekabinen auf und finden zu ihrem Leuchtturm zurück; dort fährt ein Arm aus und nimmt ein Bündel Kleidung in Empfang, damit die Frau ganz schnell Nachschub besorgen kann.

Sehr selten konnte ich das Naturschauspiel des Rollentauschs beobachten. Dabei steht der Mann während des Arm-Ausfahrens in der Umkleidekabine, und die Frau bestückt ihn mit einem Stapel Hosen.

Das ist ein geradezu erschütterndes Ereignis, weil Leuchttürme in freier Wildbahn ja niemals shoppen würden. Über die Gründe kann sich die Wissenschaft noch nicht abschließend einigen. Für mich sind diese großen Leuchttürme in den kleinen Kabinen immer auch ein Zeichen für das Wunderwerk Natur.

Aber wo ein Wille ist, da ist auch ein Weg, und Frauen haben nun mal einen sehr starken Willen, der nicht nur Berge versetzt, sondern auch Leuchttürme in Umkleidekabinen. Es stöhnt, und manchmal flucht es auch hinter dem Vorhang, dann kommt ein Mann heraus, oft mit gesenktem Blick, gar nicht neugierig, was der Spiegel sagt, sondern ergeben auf das Urteil der Gattin und des Fachpersonals wartend. Das Fachpersonal weiß, dass es bei Männern schnell gehen muss, denn sie entwickeln in dieser Gefahrensituation einen starken Fluchtreflex. Deshalb müssen die nächste und idealerweise auch übernächste Größe sowie eine andere Farbe griffbereit sein.

Eventuelle Zweifel oder Widersprüche müssen blitzschnell zerstreut werden, etwa mit einem Satz wie: »Das trägt Mann heute so.« Denn eine Hose ist schneller ausgetauscht als ein Mann. Es könnte ja mal vorkommen, dass man bei rauer See einen Leuchtturm in der Kabine vergisst.

Das Runde muss ins Eckige

Wochenlang lag ich meinem Mann in den Ohren, dass wir im Wohnzimmer dringend ein neues Flair brauchten.

»Flair?«, fragte er. »Blumen?«

»Nein, eher ein neues Modul, wo alles Platz findet, was jetzt Platz wegnimmt. Wo alles ruck, zuck verschwindet.«

»Man könnte aufräumen«, sagte er.

»Aber wohin?«

»In den Schrank.«

»Aber den haben wir doch schon so lange.«

»Deswegen ist er nicht schlecht.«

»Ja, nein, aber alt.«

Mein Mann seufzte.

»Ich meine, er hat kein Flair mehr«, wurde ich präzise.

Spontan entwickelten die Ohren meines Mannes eine Hörschwäche bei Wörtern wie Flair oder Schrank, schließlich sogar bei Wohnzimmer im Allgemeinen. Er kann tatsächlich nur das hören, was er hören will. So etwas wie »Essen fertig« oder »Fußball fängt an«. Ist das nicht beneidenswert? Ich zum Beispiel höre wahnsinnig viel, was ich überhaupt nicht hören will, und das kommt blöderweise immer von innen. In mir drin, da gibt es noch immer solche Stimmen, die sind manchmal nicht besonders nett zu mir.

Bei meinem Mann ist Ikea von Haus aus negativ besetzt, aber ich habe herausgefunden, dass ich Win-win erreichen kann, wenn ich es mit etwas Positivem verknüpfe, zum Beispiel FCB 5:2. Als der Bayern-App-Ticker einen 5:2-Sieg verkündete, dribbelte ich den Ball Richtung Ikea.

»Schatz, jetzt schau doch mal, fändest du es zur Feier des Tages nicht auch schöner, wenn wir ein neues cooles Modul hätten, du hast doch selber gesagt, es wäre an der Zeit für ein wenig Veränderung, und der FC Bayern hat auch einige Neuanschaffungen getätigt.«

»Ja«, strahlte er. »Gute Entscheidungen waren das.«

»Ja, das finde ich auch«, stimmte ich zu. »Also fahren wir nächste Woche zu Ikea?«

»Ikea? Wieso?«

»Du hast gerade Ja gesagt.«

»Was? Ich?«

»Ja, du hast Ja gesagt.«

»Aber doch nicht zu Ikea!« Er musterte mich entsetzt, doch dann überwog die Freude über das fünf zu zwei, ein phänomenaler Sieg, *sein* Sieg. Er und die Mannschaft. Zu zwölft würden sie auch Ikea schaffen, und das war geradezu heldenhaft ohne Ersatzbank gerechnet.

In den nächsten Tagen verordnete ich ihm ein leichtes Aufwärmtraining, indem ich hin und wieder das Wort Ikea und die Zahlen fünf und zwei fallen ließ, um die positive Verknüpfung zu festigen.

Blinker zum Glück

Bereits beim Blinkersetzen kurz vor der Autobahnausfahrt in Richtung der vier gelben Buchstaben bin ich ganz aufgeregt. Wie der Hund von Herrn Pawlow sitze ich auf dem Beifahrersitz, fast winsle ich vor Vorfreude. Mein Mann schaltet den Blinker wieder ab. Will er etwa in letzter Sekunde flüchten? Wird er Gas geben, wenden und als Geisterfahrer zurück Richtung München preschen, alles besser als Schweden? Denn warum sind wir mit seinem Wagen unterwegs? Wenn wir zu einem Stanzi-Termin fahren, tun wir das mit meinem Auto, und ich sitze hinter dem Steuer. Was bedeutet, dass ich auch bestimme, wann die Reise zu Ende ist, nämlich bei Ikea. Aber sein Auto ist größer, klar.

Einige meiner Freundinnen übergeben auch in ihrem eigenen Auto die Vorfahrt ihrem Partner, falls sie gemeinsam unterwegs sind. Gerade so, als würden sie nur ersatzweise fahren. Sobald ein Mann an Bord ist, übernimmt er das Steuer. Das ist aber auch nur logisch, weil Frauen einen Busen haben, und der behindert sie im Straßenverkehr. Das wusstest du noch nicht? Dann fehlt dir wohl der siebte Sinn! Leider musst du jetzt mal kurz nachsitzen, ist aber nicht schlimm, sondern Frauenheilkunde.

Der siebte Unsinn

Eine Frau im Look der 1970er-Jahre sitzt in einem Auto, eine männliche Stimme klärt aus dem Off auf: »Es gibt falsche Verhaltensweisen, die besonders häufig bei Frauen beobachtet werden, zum Beispiel das Nichtbeachten der Vorfahrt.«

Gezeigt wird ein Beinahe-Unfall.

»Und das leidige Anfahren an einer Steigung.«

Eine Frau verursacht einen Auffahrunfall, weil ihr Wagen zurückrollt.

»Frauen fahren meist vorsichtiger als Männer, weil ihnen die Übung fehlt. Sie behindern dann den fließenden Verkehr. Viele Frauen scheuen das Anlegen des Sicherheitsgurtes, weil sie Angst um ihren Busen haben. Diese Sorge ist unnötig, sagen Mediziner, wenn der Gurt richtig sitzt.«

Was heute eins zu eins als Kabarettnummer übernommen werden könnte, wurde vor nicht allzu langer Zeit im öffentlich-rechtlichen Fernsehen behauptet! Ich bin also in eine Welt hineingewachsen, in der sich der Bildungsauftrag der öffentlich-rechtlichen Rundfunkanstalt meinem Busen widmete, der sich noch gar nicht abzeichnete.

Womöglich würde er mich bei Rechtskurven aus der Spur werfen, oder waren es die Linkskurven, oder brachte ich das alles, wen mag es wundern, durcheinander, rechts und links und überhaupt Technik, denn im Lehrfilm wird auch gesagt:

»Es gibt Fahrmanöver, mit denen *sie* schlechter zurechtkommt als *er*. Obwohl man gelernt hat, dass man vorwärts nicht in eine enge Parklücke kommt, versuchen Frauen es immer wieder und geben schließlich auf. Das liegt einmal an der zu geringen Kilometerleistung dieser Damen und zum anderen an der Hilflosigkeit gegenüber der Technik. Immer wieder in Sorge, ihr Auto zu beschädigen, nutzen sie beim Einparken den vollen Lenkradeinschlag nicht aus.«

Am Ende der Aufklärung über die Minderbegabung dieser Damen erfolgt die Freisprechung, nämlich die anatomische Erklärung, warum Frauen rein physisch gar nicht in der Lage sein können, ein Auto zu chauffieren:

»Auch bereitet es den Damen große Schwierigkeiten, über ihre rechte Schulter nach hinten zu schauen und gleichzeitig das Lenkrad nach links einzuschlagen.«

Sie wurden ermahnt: »Falls Sie den Rückspiegel einmal als Make-up-Spiegel benutzt haben, so vergessen Sie nicht, ihn vor Fahrtantritt wieder richtig einzustellen.«

Der Siebte-Sinn-Clip ist sehenswert, besonders das Ende, ich möchte es hier nicht verraten. Jeder wird danach verstehen, dass Frauen, die in den 1970er-Jahren am Steuer eines Autos saßen, Pionierinnen waren. Ach was, Heldinnen! Und wie schwierig das für einen Menschen mit Brüsten ist, kannst du hier sehen:

https://www.youtube.com/watch?v=odcrQ4PpPto

Hinter schwedischen Gardinen

Mein Mann hat es geschafft, er hat perfekt eingeparkt! Kein Wunder, denn in Schweden ist an einem Dienstagvormittag genug Platz, wir hätten auch mit einem Sattelschlepper anreisen können, schöne Vorstellung, was da alles reinpassen würde!

Aufgeregt hüpfe ich neben meinem ein wenig mürrisch blickenden Mann zum Eingang, drücke mich durch die Drehtür und inhaliere mit drei tiefen Atemzügen den Duft von Ikea. Ich halte kurz die Luft an, und sofort entfaltet sich die berauschende Wirkung der Schwedenkräuter. Leicht benommen und jetzt schon beglückt, schließe ich für einen kurzen Moment die Augen. Als ich sie wieder öffne, ist mein Mann weg. Suchend drehe ich mich um. Hat er die letzte Chance zur Flucht genutzt? Nein, zögernd steht er im Freien vor der Drehtür. Ich reiße die Augen auf, zeige mein strahlendstes Lächeln, winke ihn wie eine Fluglotsin raumgreifend herein. Seinen tiefen Seufzer höre ich durch die Drehtür. Dann sackt er in sich zusammen, fasst sich aber ein Herz und folgt mir. Am liebsten würde ich ihn trösten: Das schaffst du schon. Aber das wäre ein grober Fehler, ein böses Foul, wie er diesen Bummel vermutlich ohnehin einordnet, wenn er sich auf die Entstehungsgeschichte besinnt. Doch nun ist er gefangen hinter schwedischen Gardinen, und es geht los.

Wir reihen uns ein in den Marsch der Lemminge und folgen dem vorgegebenen Erlebnispfad des Möbelhauses kreuz und quer durch alle Abteilungen. Wir lachen über die Namen der Möbel KACKLING – STÄNKA – SYLTKAKA, die in unseren Ohren anders klingen als in schwedischen, aber wir sind ja bloß Touristen.

Hin und wieder pausieren wir auf Stühlen, werfen uns auf Sofas und stehen in immer neuen kleinen, perfekt ausgebauten Zimmern. Ich liebe es, in jeder Wohneinheit in einen anderen Charakter zu schlüpfen. Und das liebt auch mein Mann und erfreut sich an meinen Darbietungen. In einem hübsch aufgebauten Schlafzimmer – die mag ich besonders – werde ich freundlich von einem Mann nach den Maßen gefragt.

»Meine?«, frage ich geschmeichelt und lache.

Ein verunsicherter Blick trifft mich. Der Mann wollte die Maße des Bettes wissen, er hat mich mit einer Verkäuferin verwechselt. Proaktives Salesmanagement? Nein: überbordende Spielfreude und überglücklich im Kinderparadies, denn da bin ich zu Hause. Ich höre schon die Durchsage: Die kleine Constanze möchte nie mehr aus dem Kinderparadies abgeholt werden.

Mit unseren braunen Minibleistiften notieren wir die Nummer des Regalfachs in der SB-Halle, in dem unser zukünftiges cooles Wohnzimmermodul auf uns wartet. Da fällt mir auf, dass wir anscheinend die Einzigen sind, die gute Laune haben.

Wir sind auf dem Erlebnispfad ja schon sehr weit gekommen, für uns ist der Weg das Ziel, für viele andere ist es der Highway to Hell. Bei einigen Paaren um uns herum liegen die NERVA BLANK. Während verzweifelte Männer händeringend Maße erklären – *das* sind 20 cm! –, wollen Frauen es nicht glauben. Und da denke ich mir erstens, dass viele Probleme wohl an diesem Erbstück hängen, und zweitens, dass IKEA-Möbel so heißen sollen:

ZANKAPFÜLL – NERVBACKA – STREITHAMMA

Gibt es eigentlich eine Statistik über die Scheidungshäufigkeit nach Ikeabesuchen? Rechts vorne schmeißt ein Mann seine Jacke wütend auf den Boden, dreht sich um und stapft von dannen. Wer läuft danach wohl erstens zur Jacke und hebt sie auf und zweitens dem Mann hinterher?

Einen Gang weiter, bei den Küchen, hat eine Frau bereits das zweite Taschentuchpackerl neben sich liegen, um ihre Tränen zu trocknen, während Linda, ihre persönliche Ikea-Einkaufshilfe, beruhigend auf den Gatten einspricht.

Wenn Kabarettistin nichts mehr für mich ist, überlege ich, könnte ich zu Ikea wechseln. Ich würde jeden Tag überglücklich zur Arbeit fahren, acht Stunden nur strahlen in meinem IKEA-Takatukaland. Ich würde einen kleinen Stand aufbauen, in dem ich von Ikea gebeutelte, scheidungsbereite Paare beraten würde. Lange Schlangen würden sich vor dem Stand bilden, denn es würde sich schnell herumsprechen, dass hier Eheprobleme gelöst werden. Manchmal würde ich auch als Cordula Brödke Ehen kitten. Nachdem Cordula die Herzen der Ratsuchenden mit Liebe aufgefüllt hätte, würde sie sich um den Verstand kümmern. Alles schön der Reihe nach, erst Logistik, dann Logik. Und wenn sich die Paare versöhnt hätten, könnten sie heiraten in der Kapelle KLÜCKN, und als Ringe werden Inbusschlüssel ausgetauscht, auf dass Billy euch niemals scheide.

Gibt es einen besseren Ort für ein Jawort als Ikea? Wer sich hier traut, wird auch in Zukunft alle KRISER elegant meistern.

Mein Mann und ich stehen nun vor dem Ikea-Family-Regal, da gibt's immer so tolle Sachen, finde ich. Er findet nichts. Ich bin begeistert von den Feuermeldern, selbstaufziehbaren Radios, Erste-Hilfe-Kästen, sogar Warndreiecke gibt es! Ich packe eines in unseren Wagen. »Für Valerie«, erkläre ich meinem Mann. Ich liebe es, zu schenken!

Mein Mann nickt nur noch. Er hört gar nicht mehr auf zu nicken. Wie ein Wackeldackel folgt er mir, schaut nicht herum, was es alles Tolles gibt. Männer sind ja schnell überfordert von einem Überangebot an Waren, während wir Frauen uns problemlos durch einen solchen Dschungel kämpfen und ihn auch tapfer lichten.

Bei meinem Mann geht das Lämpchen nun endgültig aus.

»Zeit für eine Pause!«, weiß ich. Schließlich will ich mir seine Begleitung in eines meiner Paradiese nicht für immer verscherzen. Ich hake mich bei ihm ein und schubse uns beide ins Feinkosteck.

Im Restaurant stopfen wir Köttbullar in uns hinein, und ich frage mich, warum man sie nicht KOTBULLAR nennt, denn dann würden sie so heißen, wie sie schmecken, bin aber anscheinend allein mit meiner Meinung. Mein Mann holt sich eine zweite Portion. »Lecker!«, bestätige ich ihm und schicke ein buntes süßes Teilchen hinterher, nicht dass die Köttbullar das Letzte sind, was ich in meinen Leben vielleicht geschmeckt habe.

»Jetzt nur noch schnell durch die SB-Halle, und fertig«, sage ich zu meinem Mann.

»Fix und fertig«, ergänzt er.

Ich lege meine kleine Hand auf seine große. »Schatz, das schaffst du!«

»Wenn du meinst.«

»Ich glaub an dich. Und nach der Kasse gibt es eine Wurst auf die Hand zur Belohnung.«

Jetzt strahlt er wieder. Also ein bisschen. Ich noch mehr. Ich halte meine Traditionen aufrecht, genauso wie ich an Silvester rote Wäsche trage und auf jeder Italienreise Schuhe kaufe, alles andere bringt nur Unglück, und nein danke, das brauch ich nicht. Denn zu Hause gehen wir aufs Ganze!

FIXA und fertig

»Aber das kann doch gar nicht sein, schau doch mal!«

Ich halte meinem Mann ein Zwischenfachbrett hin. Er nimmt es mir aus der Hand.

»Spatzerl, da sind wir noch lange nicht, wir müssen erst mal die Seite durch die Lasche ziehen, um ihn hier zu fixieren, mit dem Fixa, siehst du.«

Fixa, mal wieder ein saublöder Name für ein Ikea-Werkzeug, aber das ist ja der Grundstein gewesen für dieses Imperium.

»Nein, wenn du das jetzt zusammenschraubst, dann bekommst du die beiden hier da nicht mehr rein«, warne ich.

»Welche beiden?«

Ich drücke ihm zwei kleine Bretter in die Hand »Na, die hier! Das eine muss weg, und das andere musst du umdrehen.«

Er nimmt mir die Bretter aus der Hand. »Aber Spatzerl, schau doch, hier auf dem Plan ist es anders gezeichnet! Da muss man erst das hier mit dem Fixa anbringen, dann die Winde hochkant über den Winkel drehen, um es mit der linken Seite auf der Unterseite zu verschrauben, um dann die Verbindung anzubringen, damit der … oh! Oder? Hm. Warte mal.«

Ich warte. Und warte. Und dann machen wir es so, wie ich

von Anfang an dachte, aber wir tun so, als hätten wir beide das von Anfang an gedacht. Aber um es wirklich gut zu machen, müssten wir auch zurück auf Anfang, und dazu haben wir keine Lust mehr. Schließlich stehen wir mit schräg geneigten Köpfen vor unserem Werk.

»Ist vielleicht ein bisschen schief?«

»Ja, aber nur ein bisschen.«

»Wenn man es jeden Tag sieht, merkt man das gar nicht mehr.«

»Nein, das verschmilzt dann mit der Wand.«

»Aber sag mal, Spatzerl.«

»Ja, Schatz?«

»Wenn es einem eh nicht auffällt, wieso haben wir dann was Neues gebraucht?«

Ich küsse meinen Mann, während ich fieberhaft nach einer Antwort suche. »Es ist doch eine tolle Erinnerung.«

»Woran?«, fragt er, und ich liebe ihn, weil er ganz normal fragt, weil er nicht hinter-fragt, weil er alles nimmt, wie es kommt.

»Wir hatten einen tollen Abenteuerurlaub in Schweden, haben exotische Speisen zu uns genommen und gemeinsam etwas aufgebaut, was bleibt.«

»Für wie lange?«

»Für immer und ÄWIK«, sage ich … und wechsle in den transzendentalen Bereich.

Der MO und das OM

**Es ist ein Missverständnis, zu glauben,
dass das, was allen guttut,
auch einem selbst guttut.**

Ich höre übrigens nicht nur mehr auf »mein Mo« (»meinen Mann«, für Nordlichter) als auf mich selbst. Nein, ich höre sogar auf fremde Männer! Die nicht Mos heißen, sondern Mannsbilder, auch wenn sie im weißen Kittel stecken.

»Frau Lindner, ich sage Ihnen wahrscheinlich nichts, was Sie nicht schon wüssten.«

Ich starre meinen Arzt an, o Gott, ja, Gott in Weiß, was kommt jetzt? Leberzirrhose oder irgendetwas sehr Seltenes im Endstadium? Ach nein, er hat gesagt, nichts, was Sie nicht schon wüssten. Und ich weiß ja nix. Außer vielleicht …

»Rücken?«, frage ich. Der ist manchmal ein bisschen verspannt bei mir.

»Entspannung«, sagt er.

»Nein, Ver«, entgegne ich.

»Sie brauchen Ent-Spannung«, wiederholt er. »Dringend!«

Wie bitte? Ent-Spannung? Ich? Ich möchte sofort raus hier. Wie lange bin ich jetzt schon bei diesem Doc? Und wie wenig kennt er mich? Sonst müsste er doch wissen, dass ich ein spannendes Leben schätze. Kein ent-spanntes. Das wäre ja wie ein schlaffer Regenschirm, nein danke. Ich weiß nicht, warum ich das in letzter Zeit so oft höre. Okay, ich bin über zwanzig, okay, ich bin über dreißig, okay, ich bin über Mitte dreißig, aber deshalb laufe ich doch nicht als schlaffer Regenschirm durch die Gegend, ent-spannt. Und hallo, Doc, schau mal raus, es ist Frühling, da pack ich den Badeanzug ein, keinen Regenschirm. Der Doc schaut aber nicht raus, sondern rein, in den Computer, und erklärt mir, was das Labor herausgefunden hat. Ich höre nur Cortison, aber das kann er sich gleich abschminken, dass ich Tabletten nehme. In meinen Körper dürfen nur Schogetten.

»Cortisol, Frau Lindner, nicht Cortison. Cortisol ist ein Stresswert.«

Sofort entspanne ich mich.

Das scheint ihm nicht zu gefallen, denn jetzt erklärt er mir großes Risiko bla, bla, bla, und auf alle Fälle bla, bla, bla, und langfristig und bla, bla, bla, und kein Zweifel und … Er klatscht in die Hände. »Exitus.«

Ich schrecke hoch.

»Wie?«

»Ja«, nickt er, die Stirn voller Kummerfalten. »Mausetot.«

»Mause?«, frage ich, bleibe daran hängen. Was haben Mäuse mit dem Tod gemeinsam? Wie alt können Mäuse werden? Das hängt von der Katze ab, oder?

»Weil langfristig und bla, bla, bla, und Risiko und bla, bla, bla.«

»Und was nun?«, frage ich. »Wenn ich quasi morgen sterbe. Also, ich meine, wir alle müssen ja sterben, aber morgen wär mir jetzt echt zu früh, weil ich doch gerade ein Buch schreibe, und außerdem plane ich ein neues Bühnenprogramm, und ich weiß nicht, wie mein Mann und Bruno Opel ohne mich zurechtkommen, das Regal zum Beispiel ist ja noch immer schief, und wenn mal was Technisches anliegt bei uns zu Hause, da ist mein Mann doch aufgeschmissen, und ganz zu schweigen von … Schweigen! Ich meine, tot heißt ja *nicht reden,* oder?«

»Frau Lindner!«, ruft er mich zur Ordnung. »Ich habe doch nicht gesagt, dass Sie morgen …« Er räuspert sich. »Ich habe gesagt, dass Ihr Stresslevel sehr hoch ist und Sie dringend Entspannung benötigen.«

»Wie lange hab ich noch?«, frage ich. »Sie können mir die Wahrheit sagen. Ich kann damit umgehen.«

Sehr lieb und engagiert weist er mich darauf hin, dass prinzipiell nichts gegen einen stressigen Beruf wie meinen einzuwenden sei, vorausgesetzt, man lade seine Akkus immer wieder auf. Das leuchtet mir ein, und ich stelle mir vor, wie ich nachts um zwei nach einem Auftritt, anstatt ins Bett zu gehen, an der Ladestation andocke. Geht das auch im Liegen oder muss man dazu stehen? Denn wenn ich die ganze Nacht über stehe, bin ich doch am nächsten Morgen alles andere als entspannt? Ich kichere in mich hinein.

»Schön, dass Sie es mit Humor nehmen«, sagt mein Arzt. »Wie Sie runterkommen, ist egal. Hauptsache, Sie kommen runter.«

»Und wenn ich nicht runterwill?«, frage ich vorsichtig. Denn wer will denn runter? Mir ist doch der erste Stock mit hellen Fenstern lieber als der Keller. Erdgeschoss ist auch noch okay, aber ganz runter?

»Wenn Sie erst mal unten sind, werden Sie sehen, wie toll Sie sich dann fühlen«, verspricht er mir.

»Sie meinen also, wenn ich unten bin, bin ich in Wirklichkeit oben?«

»Ich meine, wenn Sie weiter ständig oben bleiben, siehe Blutdruck ecetera pe pe, werden Sie peng«, wieder klatscht er in die Hände.

»Also doch Exitus?«

»Nein, unten.«

»Also ist unten gar nicht der Exitus? Ich meine Grab und so?«

»Sie haben eine blühende Fantasie«, diagnostiziert er.

»Ja, aber ich möchte die Blümchen lieber von oben sehen.«

»Dann kommen Sie runter«, schmunzelt er und drückt mir die Hand zum Abschied.

Ent-Spannen, hämmert es in meinem Kopf.

Allmählich kriege ich eine Vor-Silben-Allergie. Aber lieber das als einen Nach-Ruf. Ich beschließe, den Rat des Docs ernst zu nehmen, und widme mich total motiviert meiner Entspannung. Schon mal einen Duracell-Hasen gebeten, seinen Dienst zu quittieren? Aber plötzlich fällt mir Katja ein. Achtundvierzig Jahre, und peng. Es war ein Aneurysma, hieß es bei der Beerdigung. Wie oft hat Katjas Familie sie gebeten, einen Gang runterzuschalten? Das hat sie mir am Telefon erzählt, und wir haben gelacht und waren uns einig, dass wir zwei eben Ferraris auf der Überholspur sind. Aber jetzt bin nur noch ich auf der Überholspur. Vielleicht sollte ich wirklich mal den rechten Blinker setzen und Tempo rausnehmen?

Ent-Spannung soll man nicht über-stürzen

Ich stehe vor einem Warenregal in meinem Lieblingsdrogeriemarkt mit den zwei kleinen Konsonanten und lese mich durch alle Entspannungsbäder. Wow, krass, was es alles gibt. Muskelentspannungsbad, Tiefenentspannungsbad, Seelebaumelnlassen-Schaumbad mit oder ohne Mikroperlen in Grün, Blau und Rosa. Ich entschließe mich, alle zu nehmen, denn das ist es doch, was der Doc mir verordnet hat! Entspannung. Wie immer lautet mein Motto: Viel hilft viel, und noch mehr hilft noch mehr.

Zu Hause bereite ich alles für meinen neuen Lebensabschnitt vor. Im Badezimmer zünde ich Kerzen an, fülle Entspannungsaroma in die Duftlampe, lege mir ein pinkes Badehandtuch zurecht, suche auf dem iPad nach Entspannungsmusik, schalte das Licht aus, lasse die Wanne ein, kann mich nicht für eine Farbe entscheiden, nehme dann alle drei, Grün, Blau und Rosa. Mein Mann stürmt ins Badezimmer. Er hat sich einen Fingernagel eingerissen und braucht eine Schere. An der Tür stockt er. »Softporno?«, fragt er. »Hardcore-Entspannung«, erkläre ich.

»Wollte nicht stören«, sagt er und ist schon wieder weg. Das heißt körperlich. In meinen Gedanken ist er noch da. Hätte ich ihn vielleicht einladen sollen in die Wanne? Wenn er schon so eine Andeutung macht. Oder war das ein Witz? Aber dann hätte ich mich nicht entspannt. Also nicht gleich. Erst später. Darf man Sex haben, wenn man entspannen muss, also wegen des Cortisolspiegels? Überhaupt Spiegel! Schaffen nur Leiden beim Sex. Ich sollte mal wieder … o ja, ich sollte mir dringend mal wieder die Beine rasieren. Aber ich hab keine Klingen gekauft, Mist … schon wieder vergessen … und was wollte ich noch dringend kaufen …

Entspannen! Du sollst dich entspannen, nicht shoppen (shoppen = entspannen)!

Die Wanne ist mittlerweile kurz vorm Überschäumen. Ich versenke meinen linken großen Zeh in der Schaumlandschaft. So viel Schaum hatte ich noch nie in der Wanne. Leider ist er nicht Grün, Blau und Rosa, sondern Braun. Erinnert mich ein bisschen an den Schaum einer Kläranlage. Vermutlich vertragen sich die Farben nicht. Aber es ist ja ein Entspannungsbad, da muss man die Augen schließen. Wahrscheinlich ist das auch kein normaler Schaum, das ist Entspannungsschaum, gleich wird es mir besser gehen. Ich spüre in mich hinein. Geht es mir denn schlecht? Nein. Oder eigentlich schon, nur spüre ich das nicht, weil ich so angespannt bin, dass ich gar nicht merke, wie dringend ich Entspannung brauche, so hat es der Doc gesagt.

Aber der Schaum wirkt nicht. Nichts! Nicht mal ein kleines bisschen. Es geht mir vorher wie nachher. Ich muss tiefer rein, ich muss noch mehr riskieren, ich muss mich fallen lassen.

Mein linker Fuß hat nun großflächig Schaumkontakt. Ich fasse mir ein Herz und setze ihn auf Grund. Das Feuer schießt wie ein Blitz in meinen Kopf. Instinktiv möchte ich den Fuß zurückziehen. Doch ich bin hart im Nehmen, ich habe mich für Entspannung entschieden, und wenn das bedeutet, dass ich mir einen Fuß verbrühe, kann ich mir auch gleich beide verbrühen. Ich stelle den zweiten rein. Beide Beine laufen bis zu den Knien krebsrot an. Wie ein Fußballer beim Warm-up hebe ich zum Cool-down meine Füße in rasendem Tempo aus dem Wasser und stelle sie wieder zurück, Speed Kneiping in meiner Wanne.

Boah, ist das heiß! So fühlt sich also ein Hummer, bevor er zum letzten Mal pfeift. Ich beschließe, niemals Hummer zu essen. Es sei denn, er ist eines natürlichen Todes gestorben. Ist der Tod in der Wanne ein natürlicher? Für einen Menschen? Wann ist ein Tod natürlich, ist nicht jeder Tod natürlich, außer, man dreht einen Krimi? Gerade Badewannen eignen sich ja vortrefflich als Tatorte …

Meine Gedanken schweifen ab, boah, ist das schwer mit der Entspannung. Nach einer gefühlten Stunde knie ich immerhin schon in der Badewanne, was sich als sehr schmerzhaft erweist. Aber ich gebe nicht auf, nein, ich ziehe meine Entspannung gnadenlos durch. Wo habe ich das gelesen: Wenn die Temperatur am Kopf zwanzig Grad beträgt und an den Füßen sechzig Grad, bedeutet das eine angenehme Durchschnittstemperatur von vierzig Grad. Ich hab schon ganz andere Sachen ausgebadet. Nachdem meine Unterschenkel gar sind, lasse ich den Rest meines Körpers sanft in die Wanne gleiten.

OOOOOHHHHMMMMMM! Kommt aus der Bluetooth Box.

Ich habe es geschafft! PPPUUUUHHHHHHHHHH. Liege nun von Hals bis Fuß in der Wanne und konzentriere mich auf die Klänge. Musik, die zum Träumen einlädt, die dich auf Flügeln trägt und zur Entspannung geleitet. So steht es in der Beschreibung. Vermutlich haben sie den Text vertauscht, denn bei mir ist bislang von Flügeln keine Spur.

Was ist das eigentlich für eine Musik? Eher Laute. Moment, da singt doch jemand. Wobei singen in dem Fall ein sehr, sehr dehnbarer Begriff ist. Es klingt eher nach dem Brunftschrei einer Bengalischen Spitzhornantilope.

Reiß dich zusammen. Du sollst dich entspannen! Entspannen!

Ent! Span! Nen!

E N T S P A N N E N! Wie viele N hat Entspannen?

Ent, HÖR AUF JETZT, spann dich. Ent meine ich. Entspann dich.

Einatmen, ausatmen, einatmen, ausatmen, einatmen, ausatmen.

Was ist das für ein Klackern?

Das klingt komisch. Es klackert, als würde jemand mit Fingernägeln auf dem Badewannenrand seiner Nervosität freien Lauf lassen. Ich öffne die Augen. Schaue auf meine Finger, und tatsächlich, es sind meine Fingernägel, die auf dem Badewannenrand galoppieren. Und das, obwohl ich erst seit zwei Stunden in der Badewanne auf Entspannung warte. Laut Betriebsanleitung des Schaumbads sollte die Entspannung schon längst eingesetzt haben. Da muss doch mal eine Entspannung kommen! Wie lang soll ich hier noch in der Wartewanne liegen? Außerdem ist das Wasser eiskalt, ich hol mir hier beim Entspannen den Tod!

Ich stehe auf, wickle meinen blau gefrorenen Körper in

das pinke Badetuch. Und gebe auf. Erste Runde null zu eins gegen mich. Allein, dass ich das denke, zeigt mir, dass ich doch noch gewisse Defizite habe.

> *Entspannung sollte etwas für mich sein,*
> *nicht gegen mich.*

Aber vielleicht ist Schaumbaden einfach nicht das Richtige. Ich meine, wer verbrüht sich schon gern. Und es ist auch irgendwie so nass. Vielleicht brauche ich etwas Trockenes.

Audiogenes Training

Das gestern war nur die Probe, und es ist ja bekannt: Eine vergeigte Generalprobe mündet in einer großartigen Premiere. So heißt es am Theater. Entspannung wird bald schon ein Teil von mir sein. Entspannung und ich, wir werden beste Freundinnen. Das wäre ja gelacht, wenn es nicht klappen würde. Also, auf ein Neues. Eine Bekannte hat mir eine App empfohlen von einer jungen Frau, die extrem erfolgreich geworden ist mit ihrem Coaching und Meditationen.

Um alles perfekt zu machen, nehme ich das Handy mit der App mit ins Bett, Meditation zum Einschlafen. Zwei Fliegen mit einer Klappe. Erstens: Ich liege schon, das bringt Entspannung. Und zweitens: Ich höre mir eine tolle »Komm doch mal runter«-Meditation auf meinem Handy an.

Mein Mann, er liegt neben mir, wünscht mir »entspannte Träume« und löscht das Licht. Die werde ich genießen, ich hab alles, was ich dafür brauche. Ich knipse mein kleines Bettlämpchen an, damit ich die App einstellen kann. Mit welcher fang ich an? *Finde dein wahres Ich? Traumreise? Liebe dich selbst?* Nach mehreren Minuten Scrollen und Sinnieren bin ich ganz überrascht, dass es so viele Folgen gibt. Wahrscheinlich brauchen ganz viele Menschen ganz dringend Hilfe. Also, ich gehöre ja nur entfernt dazu; ohne meinen Doc wäre ich ja gar nicht hier. Doch er ist ein weiser Mann, und ich bin brav. Ich scrolle weiter und finde sie tatsächlich, die Meditation, die quasi nach mir ruft: *Einfach entspannen.* Ich drücke auf Play, eine supersanfte Musik ertönt, und eine klangvolle helle Stimme sagt: »Schön, dass du da bist!«

In dem Moment geht das Licht an. Mein Mann schaut zu mir herüber. »Das ist jetzt nicht dein Ernst?«

»Äh, was?«

»Geht's auch ein bisschen leiser?«

»Aber ich muss doch entspannen!«

»In voller Lautstärke?«

»Okay, ich hol mir Kopfhörer.«

»Super Plan«, gähnt er und schläft schon ein, während er das Licht ausknipst. Ich tappe in den Flur. Ich glaube, dass ich die Kopfhörer dort das letzte Mal gesehen habe. Da sind sie aber nicht. Vielleicht im Auto? Das wäre blöd, da müsste ich jetzt auf die Straße raus, nein, bestimmt liegen welche im Wohnzimmer. Ich will, dass da welche liegen, und was man sich ganz feste wünscht, geht in Erfüllung. Ich durchsuche alle Fächer und Schubladen unseres supercoolen neuen Wohnzimmermoduls. Anscheinend habe ich nicht fest genug gewünscht. Ich konzentriere meine Wünsche aufs Büro. Da müssen ganz bestimmt Kopfhörer sein, bitte! Tatsächlich, ich werde fündig. Zwar nicht dort, wo ich glaubte, aber ist ja egal.

Eine Stunde später schleiche ich zurück ins verdunkelte Schlafzimmer, wo mein Mann selig vor sich hin schlummert, ertaste meine Bettseite, knipse wieder mein kleines Lämpchen an, greife nach dem Handy und versuche, die Kopfhörer reinzustecken. Geht nicht. Ich weiß auch, warum. Ich hätte stutzig werden sollen, weil die Kopfhörer in der Kiste für Altkabel lagen. Nicht umsonst bin ich Marie-Kondo-Absolventin. Mein Puls ist auf 180. Diese Kopfhörer sind von meinem alten Handy. In mir steigt ein kleines Zörnchen auf. Müssen sich die Hersteller immer neue Sachen einfallen lassen, damit man immer alles neu kauft? Die kriegen den Hals nicht voll! Ich werde ihnen einen Brief schreiben, auch wegen unserer Ressourcen ist das doch wichtig! Ich werde ihnen das ganz genau erklären, warum es besser ist, einen Einheitsstecker für alle Geräte zu produzieren, und zwar Modellreihen- und Firmen-übergreifend. Das ist wirklich wichtig, für alle Menschen auf der ganzen Welt. Im Kopf formuliere ich meinen Brief an weltweit alle Handyhersteller, erweitere auf Computerhersteller, entwerfe, verwerfe, überlege, ob die alle Englisch können, was mit den Chinesen ist, rege mich immer mehr auf, weil das alles so falsch ist.

Bei falsch falle ich mir selbst dann wieder ein. Hatte ich nicht einen Plan? Ach so, ja. Entspannen. Entspann dich, entspann dich, entspann dich, hämmert es in meinem Kopf. Aber wie soll das gehen ohne Kopfhörer? Mein Zörnchen lodert erneut hoch, denn wenn die Hersteller nicht so einen Kabelsalat produzieren würden, wäre ich jetzt schon total entspannt mit meinem alten Kopfhörer im neuen Handy. Ich weiß jetzt mit absoluter Sicherheit, wo ich kompatible Kopfhörer finde. Mehrere sogar. Den Ort brauch ich mir gar nicht zu wünschen, da werden sie sein. Abermals steige ich aus dem Bett, ganz leise schleiche ich an Mann und Mops vorbei aus dem Schlafzimmer, werfe mir den Bademantel um, schlüpfe in meine Stiefel und öffne leise die Haustür.

Was ist, wenn mich jemand beobachtet? No Risk, no Entspannung. Sollte mich jemand auf frischer Tat ertappen, werde ich erklären, dass heute Tag zwei meiner Entspannungs-Challenge ist. Wer dafür kein Verständnis hat, outet sich als unentspannt und kann gleich mitmachen. Ich würde ihm dann die App empfehlen, wie heißt die noch mal? Ich könnte ja schnell hochlaufen, sie holen und ihm dann nennen. Wieso ihm? Ist wahrscheinlich eher eine Sie. Männer sind ja von Haus aus total entspannt, wie ich an meinem tief schlafenden Exemplar Nacht für Nacht studieren kann.

Ich bin fast ein wenig enttäuscht, weil ich auf der Straße niemanden treffe. So gern hätte ich noch eine gute Tat vollbracht. Die kann ich dann aber doch noch tun, nämlich an mir selbst. Ich verfluche mich nicht, weil ich den Autoschlüssel vergessen habe. Ich bin ganz lieb zu mir. Mit Nachtzuschlag: fünfzig Punkte.

Leider doch ein wenig gestresst laufe ich zurück in die Wohnung, durchsuche alle meine Handtaschen, kann den Autoschlüssel aber nicht finden. Vermutlich werde ich demnächst bei Marie Kondo nachsitzen. Da fällt mir ein, dass mein Mann ja auch einen Autoschlüssel hat, und der hängt wie immer am Schlüsselbrett. Schlüssel, Autotür, Kopfhörer. Alles gut.

Im Schlafzimmer schlummern Mann und Mops friedlich.

Während ich vorsichtig unter die Bettdecke schlüpfe, beschließe ich, meinen nächtlichen Ausflug für mich zu behalten. Endlich stecke ich die richtigen Kopfhörer in das Handy, sinke in mein Kissen. Wild schlägt mein Herz in meiner Brust. Jetzt bitte nicht schlappmachen, sage ich zu ihm. Wir sind gleich so weit, gleich entspannen wir uns. Ich drücke die Starttaste: »Einfach entspannen«, erklingt die sanfte Stimme direkt in meinen Ohren. »Schön, dass du da bist. Mach es dir gemütlich.« Ja, das mache ich. »Sorge dafür, dass dich niemand stört.«

Ja, das mache ich, aber … Was ist das? Ich nehme die Ohrstöpsel raus. Da schnarcht es. Mann oder Mops? Keine Ahnung, aber laut. Sehr laut. Ich sehe mich bei *Wetten, dass?* Thomas Gottschalk wiederholt gerade meine Wette in die Kamera: »Stanzi, du behauptest, aus siebzig verschiedenen Schnarchgeräuschen deinen Mann und deinen Mops herauszuhören?« Wenn das keine Saalwette wird, weiß ich auch nicht, ach, wie hab ich *Wetten, dass* geliebt. Ich weiß noch genau, wie … Und wie … Und wie …

Ist das nicht toll? Wenn man daran denkt, läuft es weiter und weiter und weiter, egal, auch wenn es schon längst abgesetzt ist. In meinem linken Ohr ertönt ein tiefes Atmen. Ich soll mitatmen. Mach ich und wische meine Gedanken weg, seit man tagsüber ständig wischt, geht das ja ganz einfach. Konzentriert höre ich der jungen Frau mit der einfühlsamen Stimme zu, sie macht das echt gut. Ich gebe mir mit Nachtzuschlag noch mal fünfzig Punkte für mein ehrlich gemeintes Kompliment. Als hätte Laura, so heißt meine neue Freundin, meine Gedanken gelesen, sagt sie: »Ich möchte dir sagen, dass es schön ist, dass es dich gibt. Und jetzt atme noch mal ein und …«

Weg ist sie.

»Laura!«, rufe ich entsetzt, weil ich weiß, was jetzt passiert ist.

Ich will es nicht glauben, aber es ist wahr. Der Akku ist leer. Wann ist der bitte mal voll? Ich beuge mich weit aus dem Bett, um das Ladekabel aus der Nachttischschublade zu holen. Da fällt es mir ein, das kann nicht passen, das ist ja von meinem alten Handy. Fu**falsches Kabel. Ich bin kurz vorm Heulen. Im Schlafzimmer wird es gleißend hell. Mein Mann starrt mich an. »Spatzerl, was ist denn los? Hast du schlecht geträumt? Du hast irgendwas gerufen!«

»Ich versuche seit Stunden zu entspannen, aber das geht

nicht!«, bricht es aus mir heraus. »Ich hab alles versucht, ehrlich. Ich war sogar auf der Straße, zweimal. Und jetzt ist auch noch mein Akku leer!«

»Komm mal her!« Mein Mann öffnet seine Arme für mich, und ich docke an der Ladestation an, und es dauert keine Minute, dann schlummere ich selig.

Is mei Mo mei Om? Für die nicht-bayrischen Ladys: Ist mein Mann der Schlüssel zu meiner Erleuchtung über den Schleichweg der Entspannung? Das kann doch wohl nicht sein! Ich werde ja völlig abhängig von meinem Mann, wenn ich nur in seinen Armen entspannen kann! Ich stelle mir vor, wie ich ihn mitnehme auf Tournee. Wann immer ich es brauche, springe ich in seine Arme und schlafe ein. So habe ich mir das nicht vorgestellt! Das will ich nicht!

»Das sind die Hormone«, sagt mir meine Freundin Ela, die kennt sich mit so was aus, sie ist in den Wechseljahren und ihre Tochter in der Pubertät.

»Wieso Hormone? Hormone tragen Reizwäsche, keinen ausgeleierten Pyjama«, widerspreche ich.

»Ich meine das sogenannte Kuschelhormon Oxytocin. Das entspannt uns.«

»Kuscheln kann ich auch mit Bruno Opel.«

»Ja, es klappt auch bei Tieren. Übrigens sogar bei den Tieren selbst. Also, wenn du mit Bruno kuschelst, hat er auch Oxytocinausschüttung.«

»Das glaube ich nicht. Er wird nervös.«

»Weil du immer so nervös bist, dagegen kommt ein Mops nicht an.« Ela kichert. »Das schafft nur ein gestandener Mann.«

»Ich will aber nicht nur Kuschelhormone mit meinem Mann austauschen!«, rufe ich, während ich schon überlege, wie ich ihm die abzapfen könnte, damit ich unabhängig bin.

Und dann in kleinen Dosen transportieren, idealerweise in meiner Handtasche, und wann immer ich es nötig habe, nehme ich eine Prise. Aber wie kriege ich die Prise in die Dose? Sehr kompliziert.

Meine Freundinnen lassen mich wie immer nicht im Stich, und am nächsten Tag empfiehlt Ninni mir etwas Brandneues.

»Yoga?«, wiederhole ich. »Das ist ein No-Go für mich, da schlafen mir die Füße schon beim Aussprechen ein.«

Ninni lacht. »Ist doch super. Die ideale Entspannung! Nein, jetzt mal im Ernst. Ich meine kein normales Yoga, sondern Bikram Yoga. Erst auspowern, dann entspannen.«

»Erzähl mehr«, fordere ich sie auf, denn so viel weiß ich jetzt schon: Ein reiner Entspannungstyp bin ich nicht. Bei mir muss es vor der Entspannung krachen, und wenn es das nicht tut, schäume ich in der Badewanne über oder stresse mich mit nächtlicher Kopfhörersuche. Vielleicht wäre ich ohne diese Aktion gar nicht so entspannt eingeschlafen in den Armen meines Mannes? Vielleicht war es nicht das Kuschelhormon, sondern die Aufregung davor?

Ninni findet meine Entspannungsstrategie klug, bittet mich aber um Geduld mit mir selbst. »Du musst es langsamer angehen lassen. Entspannung passiert nicht von jetzt auf gleich.«

»Es war nicht von jetzt auf gleich. Ich habe es zwei Tage lang versucht! Ich brauche etwas, was schneller funktioniert. Und ich will nicht nur rumliegen und schlaffe Musik hören und Beruhigungstee trinken und Duftkerzchen anzünden.«

»Umso besser!«, ruft Ninni und erzählt mir begeistert, was es mit Bikram Yoga auf sich hat. »Es ist quasi Yoga in der Sauna.«

»Nackt?«

»Nein. Es ist auch keine richtige Sauna, aber es hat fast vierzig Grad, du verbrennst total viele Kalorien und bist danach total entspannt.«

»Wann und wo?«, frage ich, jetzt schon entflammt für Bikram Yoga.

Sie leuchtet

Ein paar Tage später küsse ich meinen Mann zum Abschied. »Bleibst du lange weg?«, fragt er.

»Weiß nicht, wie lang das dauert. Aber eins kann ich versprechen: Ich komme völlig entspannt zurück!«

»Bleib so lang, wie es dauert«, sagt er, zögert. Ich weiß, was er denkt. Dass ich dann schlimmstenfalls nie mehr komme. Aber er glaubt an mich, und das beflügelt mich. Ich will auch an mich glauben. Ich will mich jetzt endlich mal entspannen, das wär doch gelacht, wenn ich das nicht schaffen würde, ich habe schon ganz andere Sachen geschafft, zum Beispiel eine Live-Anmoderation ohne Script und einen Fallschirmsprung. Auch das Tausend-Teile-Puzzle vom Schloss Neuschwanstein war nicht ohne. Wisst ihr eigentlich, wie viele Türmchen dieses Schloss hat, und der Himmel dreihundertfünfzig Puzzleteilchen, alle blau. Diesmal muss es einfach klappen!

Ich hüpfe in meinen Mini und starte voller Vorfreude den Motor. Los geht's. Leider werde ich kurz vor meinem Entspannungsziel ausgebremst, denn das Yogastudio befindet sich im Glockenbachviertel in München. Die Straßen in diesem Trendviertel sind schmal, und Parkplätze gibt es nur mit sehr viel Glück. Aber ich habe ja einen kleinen Mini, da wird es wohl ein Miniplätzchen für mich geben. Sechsmal um den Block gefahren, immer noch kein Parkplatz. Jetzt muss aber mal einer kommen, sonst komm ich zu spät. Mir fällt das Lied von Herbert Grönemeyer ein. »Ich drehe schon seit Stunden hier so meine Runden, ich finde keinen Parkplatz, ich komm zu spät zu dir, mein Schatz.« Ich singe voller Inbrunst, tausche aber Schatz gegen Entspannung, und als hätte ich sie dadurch beim Universum bestellt, tut sich vor mir eine Parklücke auf. Ich glaube ja überhaupt nicht an solche Sachen, aber kaum bin ich auf der Suche nach meiner inneren Ruhe und der totalen Entspannung, schaltet sich rein zufällig das Universum ein. Cool!

Ich fahre an der Parklücke vorbei, setze den Blinker, um anzuzeigen, dass ich hier rein will, da fährt ein schnittiges silbernes Coupé vorwärts in meine Parklücke, und zwar erst mal voll auf den Bürgersteig, dann rückwärts, vorwärts, rückwärts, vorwärts, und dann steht der Wagen drin. Mein Puls sofort auf hundertachtzig, ich hupe. Die Autotür öffnet sich. Eine schlanke Mittvierzigerin steigt aus, schaut mich an, zuckt mit den Schultern, schnappt sich eine Tasche vom Beifahrersitz, grinst mich saublöd an und geht weg. Ich tobe. Diese, diese, »##***####***####«. Ich wünsche ihr Gott weiß was an den Hals, ärgere mich über mich selbst, ich sollte mental weiter sein! Ziehe mir zwanzig Punkte ab, obwohl es achtzig sein müssten nach dem, was ich mir gerade alles für sie ausgemalt habe, atme tief durch, lege den Gang wieder ein und fahre weiter.

Gefühlte vierzig Runden später finde ich einen Parkplatz. Er ist nicht mini, er ist winzig, aber wenn ich eines kann, dann einparken. Und ganz schnell aussteigen und losspurten.

Atemlos laufe ich durch den wunderschönen Innenhof eines Altbau-Ensembles auf ein noch viel schöneres Rückgebäude zu. Staunend lerne ich, dass Yoga nichts mit Walla-Walla-Klamotten und nur das Nötigste mit einem Kerzchen zu tun hat. Hier könnte *Schöner Wohnen*-Fotos shooten, ohne irgendetwas zu verändern. Ich bin sehr beeindruckt, fast ein wenig eingeschüchtert, und würde gern alles ganz genau betrachten: die vielen kleinen Buddhas, die Orchideen, die geschmackvollen Wandfächer – doch dazu habe ich keine Zeit. Ich will gerade jemanden fragen, wo ich mich umziehen kann. Da entdecke ich das superschöne moderne Spind-Modul mit passender Bank davor, garantiert nicht von Ikea. Bewundernd trete ich einen Schritt zurück.

»Hey, geht's noch?«, ruft eine Frauenstimme.

Ich weiß sofort, dass ich gemeint bin, denn unter meinem Fuß ist eine weiche Wölbung, wird wohl kaum ein schlecht verlegter Boden sein, wo hier doch alles so fein ausbalanciert ist, und entschuldige mich schon im Umdrehen. »Oh, sorry.« Ich lächle die Frau, der ich versehentlich auf den Fuß gestiegen bin, versöhnlich an, erkenne die Parkplatzdiebin und komme ein klein wenig aus meiner Balance. Okay, man trifft sich immer zweimal, aber bitte doch nicht so schnell nacheinander!

Die Parkplatzfrau hakt sich bei einer anderen unter, gemeinsam gehen sie zum Gruppenraum. Sie trägt eine wunderschöne Kette mit rosa Perlen um den Hals und als Anhänger einen silbernen Buddha mit Glitzersteinen. Auf ihrem T-Shirt steht »Love is all you need«, und ihre rechte Hand umklammert eine dieser Trinkflaschen, die jetzt alle haben, bloß ich nicht. Sie sieht sehr ästhetisch aus in regenbogenfarbenem Glas mit Peace-Zeichen. Ihre Freundin wurde offensichtlich komplett ausgestattet von der ehemaligen Schauspielerin und heutigen Yogine Ursula Karven. Ich blicke ein wenig verschämt auf meine nicht ganz so im Trend liegende Jogginghose und ziehe meinen pinken Hoody über den Kopf. Auf meiner Brust prangt ein fetter Knutschmund. Mein Outfit erinnert eher an Jane Fonda, aber die war auch erst Schauspielerin, ehe sie zur Aerobic Queen wurde, vor gefühlten hundert Jahren.

Ich folge den beiden Richtung Gruppenraum, wo sich ganz viele auf bunte Matten am Boden warm machen. Ich bin gespannt und neugierig, bis mir die Glastür auf die Nase fällt, die Frau Parkplatz oder ihre Freundin mir nicht aufgehalten haben. Da kocht es wieder hoch, mein kleines Zörnchen. Aber ich bremse mich. Ich bin nicht zum Explodieren hier, sondern zum Implodieren, also zum Entspannen.

Eine sehr coole, mir sofort sympathische dunkelhaarige Frau setzt sich vor uns und eröffnet die Yogastunde, indem sie uns daran erinnert, alles außenrum loszulassen und uns auf das Hier und Jetzt zu konzentrieren: Lass deine Gedanken ziehen und bedanke dich bei dir selbst dafür, dass du dir diese Zeit für dich selbst gönnst.

Jaaaa! Ich bin voll dabei. Cool, ich kann das! Ich und Yoga, das wird eine innige Freundschaft. Durch dick und dünn, wie Pech und Schwefel, wie Marianne und Michael. Die Yogalehrerin, sie heißt Asita, wünscht uns gutes Gelingen bei der Abfolge der sechsundzwanzig Übungen. Sechsundzwanzig? Ich bin jetzt schon völlig fertig, denn in dem Raum ist es superheiß. Ich flüstere meiner Mattennachbarin zu: »Sollen wir kurz ein Fenster aufmachen?« Sie lacht, als hätte ich einen Scherz gemacht. Dann kapiere ich es auch. Ich bin ja fürs Nichtlüften ins Glockenbachviertel gefahren, lüften kann ich zu Hause.

Viele Teilnehmerinnen haben jetzt schon ihre Oberteile ausgezogen und präsentieren sich in sexy Mini-Shirts. Wenn ich meinen Hoody ausziehen würde, säße ich im BH da. Das wäre kontraproduktiv, denn es würde mich stressen, und ich soll ja entspannen, und deshalb nehme ich die Hitze in Kauf:

ohne Anspannung keine Entspannung. Doch die Anspannung ist Anstrengung. Mit hochrotem Kopf versuche ich, irgendwie mitzumachen. Die schnelle Abfolge der Übungen überfordert mich. Asita geht durch den Raum und korrigiert ihre Yoguretten. Zu mir sagt sie: »Mach ein bisschen langsamer, lieber lässt du mal eine Übung aus. Achte auf deinen Atem, versuch, deinen eigenen Rhythmus zu finden, und hör auf deinen Körper.« Freundlich und sanft legt sie mir eine Hand auf die Schulter, es fühlt sich schön an, von mir aus könnte sie dableiben. Sie ist schon eine Weile weg, da spüre ich sie noch immer als glühenden Fleck auf meinem Körper, in den ich hineinhorche. Ich muss gar nicht lauschen, meine innere Stimme brüllt mich dermaßen an, dass ich fast in die Luft springe: »Jetzt nicht schlappmachen! Na los! Weiter! Glaubst du, du kriegst deine Entspannung geschenkt? Los jetzt!«

Folgsam lege ich eine Schippe drauf für die nächsten Übungen bei 40 Grad. Das war eine Schippe zu viel, sie schlägt mir voll auf den Kopf. Ich sehe schwarz. Beziehungsweise nichts mehr. Ist das das Nirwana? Dann flackert es auch noch vor meinen Augen. Mein Leben zieht an mir vorbei wie ein innerer Film im Schnelldurchlauf. Aha, jetzt sterbe ich. Helles Licht.

Das habe ich mal im Fernsehen gesehen, dass dann so helle Lichter kommen und einen abholen.

Irgendwas ist schiefgelaufen. Ich reiße die Augen auf und sehe eine Neonröhre über mir und ein paar verschwommene Vollmonde, die sich nach und nach in Frauengesichter verwandeln, die sich besorgt über mich beugen. Ich bekomme ein kühles Tuch auf die Stirn gelegt und einen Stuhl, um die Beine hochzulagern. Und wieder ist da Asitas heiße Hand. »Bleib noch ein bisschen liegen«, sagt Asita zu mir und zu den anderen, dass sie sich für die Schlussentspannung vorbereiten sollen. *Entspannung,* hämmert es in mir. Genau deswegen bin ich doch da! Ich versuche, mich aufzurappeln, schaffe es aber nicht, bleibe völlig erledigt am Boden. Mein Herz schlägt so laut, dass es das Ohhhhmmmm der anderen Teilnehmerinnen zu übertönen scheint. Mein Kopf schmerzt stark, ich ertaste rechts eine Beule. Sie schwillt an wie das Ohhhhhmmmm. Mir ist schwindlig.

Ich denke an Ninni und könnte heulen. Es tut mir leid, dass ich sie enttäuscht habe, wo sie sich so für meine Entspannung ins Zeug gelegt hat. Und auch mein Hausarzt fällt mir ein, er hat sein Bestes gegeben, aber ich habe versagt. Und was wird mein Mann sagen, wenn es wieder nicht geklappt hat, er will doch nicht lebenslänglich für meine Entspannung zuständig sein, das könnte ihn auf Dauer stressen, und dann? Schlafstörungen im Doppelpack?

Mir ist hundeelend, und ich vermisse meinen Mops. Aber Hunde dürfen hier nicht rein. Ist auch besser so, wäre ja viel zu heiß für Bruno Opel. Meinem Körper ist es auch zu heiß. Ehrlich, ich nehme es ihm nicht krumm, dass es ihm jetzt mal gereicht hat. Würde es mir an seiner Stelle auch. Also wenn ich er wäre. Ich würde mir einen neuen Job suchen. Ich würde mir eine andere Frau suchen, die netter zu mir ist. Die mich wertschätzt. Auf keinen Fall würde ich mich noch mal bei Constanze um die Stelle als Körper bewerben. Nee, ich bin ja nicht lebensmüde! Und immer am Powern. Keine Pausen. Immer voll auf Duracell. Keine Entspannung, nee danke. Ich meine, ich bin ein Superkörper, voll funktionsfähig und so starke Beine, und überhaupt, jede Menge Talente, nee, das muss ich mir nicht antun, ich kündige die Zusammenarbeit.

Bitte tu's nicht, schluchze ich. Mir ist ganz jämmerlich. Denn das hat der Doc doch gesagt, dass ich aufpassen muss. Und wieder ist da die warme Hand.

»Na du! Geht's wieder?«, fragt Asita. Ich finde sie so lieb, dass es mir so wahnsinnig leidtut, dass ich ihr solche Umstände bereitet habe.

»Ich will mich unbedingt entspannen!«, platzt es aus mir heraus.

Sie lächelt. »Das wollen die meisten.«

»Aber bei denen sieht es besser aus als bei mir, und bestimmt schaffen sie es.«

Asita setzt sich neben mich. »Weißt du, wie was aussieht und wie sich was anfühlt, das ist zweierlei. Von außen kannst du ja nicht reinsehen. Vielleicht ist alles ganz anders, als du glaubst.«

Ich nicke bekümmert. »Das ist ja mein Problem. Ich finde nämlich gar nicht, dass ich diese Entspannung brauche, ehrlich, ich hasse Entspannung, aber ich muss sie unbedingt lernen, weil sonst …« Ich klatsche in die Hände, wie es mein Doc getan hat.

»Vielleicht ist Bikram Yoga nicht das Richtige für dich«, überlegt Asita.

In diesem Moment will ich aber unbedingt, dass es das Richtige für mich ist, weil ich Asita so wahnsinnig lieb finde und gern einmal in der Woche ihre warme Hand auf meiner Schulter spüren würde. Ich erkläre ihr, warum: »Im Internet habe ich gelesen, wie toll Yoga ist. Vielleicht muss ich einfach nur dranbleiben und mich mehr anstrengen, ich muss mich daran gewöhnen.«

»Du musst gar nichts«, sagt Asita. »Jeder Mensch ist anders, jeder Körper ist anders.«

»Meiner ist komisch.« Kurz überlege ich, ob ich Asita erzählen soll, dass meiner schon überlegt, ob er sich einen neuen Job suchen soll.

»Dein Körper hat dir ein klares Zeichen gegeben«, erinnert Asita mich.

»Meinst du?«

»Ja klar. Du bist total hart eingestiegen. Es war doch dein erstes Mal.«

»Ich gebe immer alles.«

Fragend schaut sie mich an. »Ich glaube, du gibst ein bisschen mehr als alles.«

Erwischt, denke ich. Ich gebe immer ein bisschen mehr als alles, und wenn ich das zusammenrechne, dann fällt sogar mir auf, dass das nicht bis zum Sankt Nimmerleinstag gut gehen kann. Aber woher kommt es, frage ich mich. Und auf einmal habe ich eine Idee. Es könnte daran liegen, dass ich so oft auf der Bühne stehe.

Da habe ich mir das angewöhnt. Mehr als alles zu geben. Und irgendwann habe ich da was verwechselt, und wenn ich beim Einkaufen bin oder privat unterwegs oder beim Yoga …

»Ich glaube, ich stehe auf der Bühne, aber ich bin ja privat!« Ich strahle Asita an.

Sie schmunzelt. »Nun, Bühnenyoga führt vermutlich nicht gerade zur Entspannung. Denn dabei konzentrierst du dich ja mehr auf die anderen, denen du gefallen willst.«

»Ja, klar will ich, dass die Leute einen schönen Abend haben!«

»Hier geht es aber um die schöne Zeit nur für dich, sie gehört dir ganz allein. Du musst gar nichts tun. Es geht ums Sein.«

»Achtsamkeit und so«, zeige ich mich als gelehrige Schülerin. Von Achtsamkeit reden alle, das habe ich schon mitgekriegt, aber ehrlich gesagt nicht so genau kapiert, was das sein soll.

»Wenn du nichts tust und das, was du nicht tust, wahrnimmst, dann näherst du dich deiner Entspannung an.«

»Aber ich muss irgendwie immer was tun!«

»Wer sagt das?«

Ich überlege. Die Antwort ist echt peinlich. »Ich«, sage ich.

»Wer kann das also ändern?«

»Ich?«, frage ich sie und dann mich selbst.

»Und was spricht dagegen?«, fragt sie weiter.

»Ich«, antworte ich.

Wir lachen. Dann habe ich eine Idee. »Ich könnte ja so tun, als wäre ich eine, die total entspannt ist.«

»Fang mal mit nur entspannt an. Fang kleiner an«, rät mir Asita und will wissen: »Wobei entspannst du dich denn?«

»Bei Ikea«, strahle ich sie an.

»Weiter«, fordert sie mich auf.

»Wenn ich mit Bruno Opel spazieren gehe.«

Fragend schaut sie mich an.

»Das ist mein Hund«, erkläre ich.

»Wunderbar. Und noch?«

Auf einmal fallen mir ganz viele Dinge ein, die jedoch nicht von Frauenzeitschriften empfohlen werden. Ich entspanne mich beim Fernsehen und wenn ich für Freunde koche und bastle und tanze.

»Das ist doch eine Menge!«

»Aber nicht so, wie es sein soll.«

»Sagt wer?«

»Ich!«

Wieder lachen wir.

»Und wer kann das ändern?«

»Ich!«, rufe ich, gerate dann aber ins Zweifeln. »Ist das denn nicht egoistisch?«

»Es wäre egoistisch, nicht für sich selbst zu sorgen, weil dann die anderen für dich sorgen müssen.«

»Jetzt verstehe ich.«

»Das war jetzt ein sehr achtsames Gespräch. Du warst ganz präsent im Augenblick«, sagt Asita.

»Ach, das ist Achtsamkeit? Da sein, wo man ist?«

»Ja. Und das mit allen Sinnen und aus vollem Herzen«, lächelt Asita. Ich glaube, sie ist erleuchtet. Denn mir ist nach diesem Gespräch ein Licht aufgegangen. Hin und wieder flackert es ein bisschen, doch es strahlt immer wieder, und ich weiß, dass ich auf dem Weg zu mir selbst bin. Und alles, was geschieht, gehört dazu. Auch die Parkplatzdiebin.

Jeder Tag ist eine Challenge, nein,
eine Chance für mich,
mein inneres Licht leuchten zu lassen.

Muss keiner sehen. Ich stehe auf keiner Bühne. Kein Scheinwerfer von außen, sondern der innere. Nur für mich. Und gerade deswegen auch für alle anderen. Danke, Asita, und danke an alle anderen wunderbaren Menschen, die mich immer wieder daran erinnern, und danke an meinen Körper, der den Vertrag jetzt doch verlängert hat, aber zu besseren Konditionen. Reduzierte Arbeitszeit, keine Nachtschichten mehr, mehr Urlaub und noch ein paar Extras ... Für seine Mitarbeiter muss man gut sorgen. Denn wenn die kündigen, dann sieht man erst ganz schön alt aus, und dann geht das Licht aus. Und nicht nur so ein bisschen wie im nächsten Kapitel ...

Sex und so

**Es ist ein Missverständnis,
sein Glück von der Häufigkeit von Sex
abhängig zu machen.**

Mist, jetzt war es passiert. Ich war unter den bundesdeutschen Durchschnitt gefallen. Ich hatte weniger als 1,4-mal Sex in der Woche gehabt. An der Entspannung konnte es aber nicht liegen, denn ich weiß ja jetzt, wie es geht.

»Das ist das Ende«, sagte ich zu meinem Mann.

»Wovon?«

»Unsere Beziehung ist erkaltet.«

»Was?«, rief er hitzig.

»Ja, und zu langsam sind wir auch. Die Latte liegt bei elf Minuten.«

»Die Latte?« Verständnislos starrte er mich an.

Ich wollte ihm die Dramatik der Lage gern erklären, doch ich konnte nicht. Mir war angst und bang. Jetzt war es also passiert. Dabei liebte ich ihn doch! Aber es ließ sich nicht von der Bettkante weisen: Wir hatten eine Krise, ein Riesenproblem. Würden wir klarkommen als *nur* Freunde? Freunde, das waren wir in der Tat, sogar die besten. Und glücklich waren wir auch, und wie, aber wie gesagt: Wir hatten die Latte gerissen, wir waren durchgefallen.

Und nun? Ich hatte die Stimme meiner Freundin Annette im Ohr, die mir erst neulich eingetrichtert hatte, dass man, wenn man nicht mehr regelmäßig Sex hat, gleich Schluss machen könne. Ich beschloss einen Frontalangriff, schaute meinem Mann fest in die Augen und fragte ihn: »Fehlt dir was?«

»Äh, nein?«

Suchend schaute er sich im Raum um.

»Fehlt dir was?«, wiederholte ich, denn er könnte ja verstanden haben: »Fehlt *hier* was?« Es ist bekannt, dass Männer Veränderungen an der Deko übersehen, manchmal fallen ihnen nicht mal neue Möbelstücke auf. Jetzt betrachtete er, ja, fast möchte ich sagen, studierte er meine Haare. Friseur? Oder doch nicht? So wenig beachtete er mich also, dass es ihm nicht mal auffiel, wenn ich nicht beim Friseur war.

»Und?«, blieb ich hartnäckig.

»Wenn du weiter so bohrst, mache ich mir Sorgen, ob dir etwas fehlt«, zog er sich, wie immer eloquent, aus der Affäre. Erstens: Welche Affäre? War da was im Busch? Und zweitens: Oho! Er schob die Schuld auf mich! Aber so schnell gab ich nicht auf

»Wieso? Hab ich dir das Gefühl gegeben, ich hätte keine Lust mehr?«

»Äh, Lust jetzt?«, fragte er, Verzweiflung im Gesicht. »Worauf?«

An die nächsten zehn Minuten möchte ich mich lieber nicht erinnern, deshalb kann ich sie euch auch nicht erzählen, Ladys, denn dann müsste ich mich ja doch daran erinnern. Aber ihr kennt das bestimmt. Wenn man sich schlagartig nicht mehr begehrt glaubt und ungeliebt fühlt und am Anfang ja noch weiß, dass das Quatsch ist, sich aber dann immer weiter reinsteigert. (Den Text zu diesen Gefühlsverwirrungen findet ihr auf Seite sechsundsechzig bis neunundsechzig unter dem Kapitel Drama Queen, das in vielen unserer Frauenexistenzen leider ab Fabrik mit ausgeliefert wird. Nach dem Motto: Bald wirst du mich verlassen, und dann wirst du eine andere finden, und ihr werdet den Durchschnitt wieder nach oben bringen, ihr kennt das ja.)

Ich komme langsam wieder zur Besinnung und hole tief Luft. Das ist ja der Vorteil, wenn man keine zwanzig mehr ist. Mein Mann, den ich mittlerweile echt auf die Palme gebracht hatte, kam auch langsam wieder runter und wollte mir vor lauter Liebe Kokosnüsse von ganz oben mitbringen, aber ich war jetzt so erschöpft von meiner hausgemachten emotionalen Achterbahnfahrt, dass ich echt keine Lust auf Kokosnüsse hatte. Ich rechnete es ihm hoch an, dass er mein Nein akzeptierte, ohne mit irgendeiner Statistik zu kommen.

Die nackte Wahrheit über Sexprotze

Sie lügen natürlich! Denn, jetzt mal unter uns, Ladys, würdet ihr die Wahrheit sagen, wenn jemand an eurer Tür klingelt und euch fragt, wie oft und wie lange und so weiter? Wir lügen doch schon, wenn wir gefragt werden, wie oft wir unterm Bett feudeln! Jeder stellt sich selbstverständlich im besten Licht dar, und beim Sex ist das beste Licht das intensivste, heißeste und meiste, aber hallo! So wird eine der schönsten Sachen der Welt plötzlich zu einer leidigen Angelegenheit, einer Aufgabe, die man irgendwie auch noch wuppen muss. Und das stresst.

Wer hat überhaupt diese saublöden elf Minuten gestoppt, die Sex im Durchschnitt dauert? Saß da ein Team von Wissenschaftler*innen neben Paar*innen außen auf der Bettkante und hat eine Stoppuhr gedrückt? Und wenn es länger als elf Minuten dauerte, bekam das Paar eine Urkunde oder Anstecknadel mit Gravur: Hundert Punkte überdurchschnittlich. Oder eine glatte Sex?

Wenn du das nicht mitmachst, gib dir sofort hundert Punkte! Es ist doch eh schon so schwer, nichts zu denken beim Sex. Und wenn dann auch noch der Stress mit dem Durchschnitt reinfunkt. Wobei … angeblich fällt es ja Männern total leicht, nicht zu denken. Also beim Sex. Da ist dann alles obenrum ausgeschaltet. Aber wir! Wir laufen beim Sex geistig doch zur Hochform auf. Hoffentlich sieht er meine Dellen nicht. Nein, natürlich sieht er sie nicht, weil er ja nicht nur nichts denkt, sondern auch nichts sieht.

Das ist quasi seine Werkseinstellung. Und das war mir auch alles völlig klar, bis ich in so einer einschlägigen Zeitschrift geblättert habe, obwohl ich mir schon tausendmal geschworen habe, die nicht mehr zu lesen. Man hat nämlich herausgefunden, dass Frauen nach der Lektüre von sogenannten Frauenzeitschriften total schlecht drauf sind und sich selbst runtermachen und dass es ihnen vor der Lektüre deutlich besser ging und sie auch mehr Selbstbewusstsein hatten. Das wollte ich jetzt alles gar nicht schreiben. Aber es ist passiert, weil es um Sex geht.

Sex in der Statistik neigt zum vergleichenden Denken,
obwohl wir doch wissen, dass das nichts, nichts,
nichts mit uns selbst zu tun hat.

Und schön wäre es, wenn wir es mal schaffen würden, nicht noch weiter Druck aufzubauen. Wir sind Frauen, wir brauchen keinen Druck, zum Beispiel, indem wir behaupten: Du, jeden Tag mindestens einmal. Und dann die Augenbraue hochziehen. »Du etwa nicht?«

Nein, ich habe noch einen Beruf und einen Mops und einen Haushalt und eine Familie und Freundinnen und ach ja, einen Mann, mit dem ich schöne Sachen machen mag!

»Aber je größer die Liebe ist, desto mehr begehrt man sich doch.«

Ja, das stimmt. Am Anfang. Aber auch nicht bei allen. Es ist völlig normal, dass man verschiedene Phasen in einer Beziehung durchläuft. Aber es ist auch ein bisschen so wie mit dabei sein ist alles. Manchmal behauptet man etwas, was gar nicht stimmt, nur, um dazuzugehören oder nicht aufzufallen, gerade was das Thema Sex betrifft. »Bei uns alles senkrecht, mindestens fünfmal die Woche und das volle Programm mit Rollenspielen und Dirty Talk, Hauptsache Abwechslung.«

Einmal habe ich mich getraut und es gesagt, in einer Frauenrunde, wir waren ein halbes Dutzend. »Ich performe jeden Abend auf der Bühne. Das reicht mir. Und was hat Performen im Bett mit Liebe im Herzen und Lust im Leib zu tun?«

Kaum gesagt, redeten alle gleichzeitig los. Aber der Reihe nach.

»Wir tragen uns den Sex im Kalender ein«, sagte A., wie es sich bei solchen empirischen Untersuchungen gehört, wird jetzt mal anonymisiert. »Sonst schaffen wir das nicht mit all dem Stress rundum.«

B. stimmte zu. »Und du hast ja nicht mal Kinder. Da läuft gar nichts ohne Planung. Und dann hast du trotzdem noch immer ein Ohr im Kinderzimmer.«

»Braucht man Ohren zum Sex?«, wollte C. wissen, die schon lange mit keinem mehr in die Kiste gestiegen war, wobei wir uns fragten, ob man für Sex in eine Kiste steigen muss. Ich meine ja auch, dass das ziemlich eng ist, und ob man da noch das ganze Programm performen kann, in so 'ner Kiste?

D. berichtete uns: »Wir schaffen es eigentlich nur im Urlaub, wenn wir total entspannt sind«, worauf E. sie erinnerte: »Ihr fahrt aber nur einmal im Jahr in den Urlaub.«

»Ja, und es ist jedes Mal wunderschön«, schwärmte D.

F. erzählte uns, dass sie und ihr Freund nur noch kuscheln würden.

»Das reicht euch?«, wollte G. wissen, die wiederum Gefallen an One-Night-Stands fand.

»Was heißt: reicht uns«, hielt F. dagegen, »das ist so vertraut, und ich fühle mich so geliebt. Mir fehlt nichts.«

»Und ihm?«, fragte K.

»Er war so wahnsinnig erleichtert, als ich ihm das gesagt habe, dass mir nichts fehlt. Männer haben ja einen brutalen Stress damit, dass ihnen das, was ihnen nicht fehlt, nicht nicht fehlen darf. Nein, ihm fehlt nichts.«

L. prustete laut heraus. »Also mir würde was fehlen, wenn ihm nichts fehlen würde, aber die Sache würde mir nicht fehlen.«

»Leider haben viele Männer gar nicht mehr so richtig Lust«, bedauerte M.

»Oder nicht auf echte Frauen aus Fleisch und Blut«, bestätigte N.

Und P. gestand: »Ich lese lieber ein gutes Buch, bevor ich jemals wieder was mit 'nem Kerl anfange.«

Auf einmal schauten alle mich an. »Und du, Stanzi?«

»Äh, ich versuche gerade, das gute Buch zu schreiben«, sagte ich. Aber dann hatte ich natürlich doch noch eine Beichte abzulegen, und die mach ich jetzt öffentlich:

Vor einiger Zeit, okay, ist schon länger her, war ich mal in einem Erotikladen. Damals gab es noch nicht so viele Angebote für Frauen, und deshalb huschte ich mit hochgestelltem Mantelkragen und Sonnenbrille durch die Regalreihen. In der Warenstraße *Luststeigerung für Sie* sprach mich ein Verkäufer an, ob ich Hilfe bräuchte.

»Schau ich so aus?«, zischte ich.

Er lächelte milde.

Ich erklärte ihm: »Meine Freundin heiratet, ich bin auf der Suche nach witzigen Gegenständen, oder sollte ich gleich Ständer sagen, was für ein super Witz, finden Sie nicht? Wissen Sie, was ich meine, wir brauchen was für den Junggesellinnenabend.«

»Und? Den Junggesellinnenabend hast du doch erfunden, oder, Stanzi?«

Viele Augenpaare schauten mich an. Jetzt hatte ich die Wahl. Sagte ich die Wahrheit oder nicht? Da es total durchschnittlich ist, beim Thema Sex zu lügen, blieb ich bei der Wahrheit und sagte: »Ja.«

Was danach geschah, gehört zu meinen schönen Erinnerungen im Kapitel Freundinnenabend, denn wir erzählten uns lauter Sachen, die in keiner Statistik zu lesen sind. Am Ende wunderten wir uns, welche Frauen für all diese Statistiken befragt worden waren. Vermutlich hatten die Wissenschaftler aus Versehen gar keine echten Menschen befragt, aber das weiß man ja, dass Wissenschaftler häufig ein bisschen seltsam sind und das wahre Leben vor lauter Forschung oft gar nicht mitkriegen, so wie mein Mann nicht merkt, wenn ich nicht beim Friseur war.

Was für ein wunderbarer Abend! Ich möchte euch so gern Lust machen, das auch mal zu wagen! Äfft keine Statistiken nach, die euch nichts bringen außer schlechten Gefühlen, sondern erzählt euch, wie es wirklich ist, und habt Spaß. So wie ich mit meinem Mann, als ich wieder Frau meiner Sinne war. Wir haben geredet, viel gelacht, und dann … Bei aller Freundschaft, ich mach jetzt die Tür zu … Zwinker-Zwinker.

Die Elf-Minuten-Frage

Wie lange hast du gebraucht, um dieses Kapitel zu lesen?

Länger als elf Minuten? Du bist also eine Genießerin. Du lässt dir Zeit für die schönen Dinge.

Unter elf Minuten? Du stehst auf Quickies. Was nicht minder schön ist.

Du kannst dich nicht entscheiden? Der Königinnenweg. Mal so, mal anders. Hauptsache, nicht nachdenken, genießen, wie's kommt!

Es steht in den Sternen

**Es ist ein Missverständnis, zu glauben,
dass wir unser Glück nur im Fernen Osten,
im nächsten Leben oder im Kaffeesatz finden
und andere Leute am besten wissen,
was gut für uns ist.**

Nach meinem Entspannungs-Ex-Kurs und dem Sex-Kurs ist mir erst mal aufgefallen, wie viele von uns auf der Suche sind. Eigentlich ist die ganze Welt eine Handtasche, und ständig kramt man drin herum und findet nicht, was man sucht, obwohl man weiß, dass es ganz bestimmt drin sein muss. Ladys aus dem vergangenen Jahrtausend haben vielleicht den Lippenstift gesucht, um ein Leuchten in ihr eigenes und das Gesicht ihres Liebsten zu knipsen. Heute wird nach Erleuchtung gefahndet. Ich finde das total spannend, wie manche meiner Freundinnen sie dingfest machen wollen.

Eva schenkt mir eine Tasse Tee ein. »Hier, bitte schön, Stanzi. Den hab ich aus Tibet, der ist mit linksdrehenden Kristallen, weißt du, die Kräuter wurden von einem Mönch, der dem Dalai-Lama einmal höchstpersönlich die Hand gegeben hat, in einer Vollmondnacht geerntet, da steckt wahnsinnig viel kosmische Energie drin.«

Ich gestehe, dass mich zuweilen die Lust überkommt, dem Wort kosmisch ein »s« zu klauen. Da bin ich dann wieder zu Hause. Komisch bin ich nicht nur von Berufs wegen, sondern auch privat manchmal.

Ich war auch mal geradezu abhängig von kosmischer Energie. Und das möchte ich ehrlich gesagt nie wieder werden. Denn es fühlt sich einfach toll an, wenn ich Frau meiner Sinne bin und Herrin in meinem eigenen Leben! Okay, man weiß nie, ob das stimmt. Vielleicht sind wir alle Marionetten göttlicher Kinder, die mit uns spielen, oder es gibt uns gar nicht, und wir bilden uns das alles nur ein. Jedenfalls ist es ein schöner Zeitvertreib, dieses Leben, und ich gebe mich gern der Illusion hin, selbst den einen oder anderen Spielzug einfädeln zu können. Als ich noch horoskopsüchtig war, glaubte ich nicht an meinen eigenen Einfluss auf mein Leben, ich stand im Bann der Sterne.

Sterne lügen nicht

»Es wäre besser für mich, wenn ich heute zu Hause bliebe«, schoss es mir durch den Kopf, als meine Freundin Alex mich anrief: »Mach dich fertig, Stanzi! Wir gehen aus!«

Wie konnte ich ihr erklären, dass mein Horoskop heute keinen Zweifel daran gelassen hatte, dass es das Beste für mich war, daheimzubleiben? Mein Horoskop hatte immer recht, beziehungsweise, ich suchte so lange nach dem richtigen Horoskop, bis es zu meiner aktuellen Situation passte. Irgendwo musste es doch eine Erklärung für das Tohuwabohu Leben geben!

Ich weiß gar nicht mehr, wie mir diese Verirrung am Sternenhimmel passieren konnte, bestimmt herrschte eine ganz schwierige Planetenkonstellation, als es mich zuerst geradezu spielerisch in die Sucht zog. Schleichend begann sie – im Wartezimmer einer mit Zeitschriften gespickten Arztpraxis. Und übrigens, in der *Bunte* stimmten die Horoskope fast immer. Monate später endete meine Horoskopsucht in einem dem Wahnsinn nahen und weit entfernt von Entspannung zeitschriftenabhängigen Zustand. Grandioses Missverständnis! Ich brachte es tatsächlich fertig, mein Lebensglück und meine Tagesform von Horoskopen abhängig zu machen! An manchen Tagen blätterte ich mich am Kiosk an der Ecke durch dreißig Zeitschriften, um zu erfahren, wie es mir ging. Stand ein wichtiges Meeting an, musste ich mich dazu zwingen, vorher kein Horoskop zu lesen, aus Angst, es könnte geschrieben stehen: »Heute legt Ihnen jemand Steine in den Weg.« Je nach Zeitschrift hatten die Vorhersagen gravierende Auswirkungen auf meine Handlungen, vor allem auf mein Liebesleben, weil Horoskope in der Liebe als Paartherapeuten fungieren. Viele lesen hauptsächlich die Liebesprognosen, ich aber, gründlich wie ich bin, habe mir auch die beruflichen Aussichten und die gesundheitlichen Aspekte reingezogen. Wie oft habe ich mich getäuscht, wenn ich mich in Topform wähnte und sich herausstellte, dass ich nicht auf dem Damm war und das Bett heute idealerweise nicht verlassen sollte. Oder dass ich mich laut Horoskop eventuell in den falschen Mann verliebt hatte.

Ist es nicht rührend, dass Horoskope meistens im Konjunktiv, also in der Möglichkeitsform formuliert sind, um uns in der Illusion zu wiegen, wir hätten ein klitzekleines bisschen Einfluss auf unser Leben? In Wirklichkeit kann kein Mensch die Liebe beeinflussen. »Der Blitz hat mich getroffen.« – »Ich schwebe auf Wolke sieben.« So wird die Liebe vom Himmel, also von den Sternen gesteuert, und wenn du das nicht glaubst, dann leidest du eben als Zwilling in einer Beziehung mit einem Steinbock. Selber schuld!

Ich bin übrigens Widder. Dritte Dekade.

Montag: Heute fühlst du dich total verführerisch.
Nutze die Gunst der Stunde.

Verführerisch? Heute? Nach gestern, also gestern Nacht? Verkatert sitze ich am Küchentisch. Mein Schädel brummt so stark, dass ich kaum die Augen bewegen kann, sie kleben an meinen nicht lackierten Zehennägeln und wandern mühsam die Schlabberjogginghose nach oben. Aber ein Junggesellinnenabschied ohne Nachwehen wäre ja wohl ein Trauerspiel gewesen. Ach, am liebsten zurück ins Bett. Aber das geht nicht. Mein Marschbefehl für heute lautet *verführerisch*. Also ab unter die kalte Dusche, und dann los, die Gunst der Stunde nutzen, erst mal in der Apotheke, und wenn alles klappt, habe ich schon beim Nachhauseweg einen an der Angel, der mir meine Familienpackung Aspirin nach Hause trägt.

Merke: Dein Horoskop irrt nie. Du bist es, die sich irrt, und wenn was nicht klappt, dann ist niemals dein Horoskop schuld, sondern du, weil du nicht das gemacht hast, was dein Horoskop dir geraten hat!

Vielleicht ist dieser verführerische Tag der einzige für mich in diesem Jahr? Unvorstellbar, dass ich den ungenutzt ziehen lasse! Nein, diese Gunst der Stunde muss ich auskosten bis zum letzten Glimmen, denn wer weiß, wann ich erneut so gut bestrahlt bin! Alles, was nicht optimal gelaufen ist in meiner Vergangenheit, liegt bloß daran, dass ich damals noch nicht wusste, dass es einen Marschbefehl für jeden Tag gibt! Den wenn ich mal beherzigt hätte! Aber ich war unwissend und habe mein eigenes Ding gemacht, und was dabei herausgekommen ist, nun ja. Ich hätte mal lieber an die Sterne glauben sollen als an mich selbst! Die wissen, was gut für mich ist, die sind schließlich oben. Ich aber, ich Menschlein, habe gezweifelt oder war faul, weil ich den Empfehlungen nicht folgte. Wenn da drinsteht, dass ich heute eine interessante Begegnung haben werde, kann ich nicht davon ausgehen, dass die bei mir an der Tür klingelt, da muss ich vielleicht schon mal rausgehen. Auch die Familienpackung Aspirin wird nicht an meiner Haustür klingeln. Ein bisschen aktiv muss ich schon werden, um der Gunst der Stunde eine Chance zu geben!

Dienstag: Du stehst vor einer großen Entscheidung, aber hast du es dir auch richtig überlegt?

Ja, eigentlich schon. Eigentlich bin ich ganz zufrieden mit meiner Entscheidung. Ich will schon seit Langem umziehen. Zwei Jahre hat es gedauert, bis ich meine Traumwohnung gefunden habe, und heute soll ich den Mietvertrag unterschreiben. Aber irgendetwas muss ich übersehen haben. Sonst würde mein Horoskop anders lauten. Irgendwo gibt es einen Haken. Zum Glück weisen mich die Sterne darauf hin … Ich werde einen Teufel tun und den Mietvertrag an einem Tag wie diesem unterschreiben! Das würde ich nämlich büßen müssen, das kennt man ja, die Sterne haben immer recht. Ich werde zu spät herausfinden, dass die Nachbarn über mir nachts zwischen zwei und vier Stepptanz üben und die verschimmelten Wände nur übertüncht waren, und wenn die U-Bahn fährt, wackelt das ganze Haus, so was merkt man ja nicht, wenn man eine Wohnung besichtigt, aber die Sterne, die wissen das alles. Danke, liebe Sterne, dass ihr mich davor bewahrt, mich selbst der Dummheit zu bezichtigen, weil ich nicht auf euch gehört habe!

Mittwoch: Herzlichen Glückwunsch,
Sie haben es geschafft. Jetzt haben Sie Rückenwind,
und alles geht Ihnen ganz leicht von der Hand.

Nee, eben nicht. Nichts geht mir leicht von der Hand. Oder doch? Wahrscheinlich würde es leicht von der Hand gehen, nur bin ich das gar nicht gewohnt, weil ich mir anscheinend ständig irgendwo Hindernisse einbilde, die es gar nicht gibt. Danke, liebe Sterne, dass ihr so gut auf mich aufpasst! Also brauche ich meine Moderation nicht zu überarbeiten, auch wenn ich sie vorhin beim lauten Vorlesen eher mäßig fand. Ich habe Rückenwind, sie ist grandios, also maile ich sie jetzt an den Sender. Heute ist mein Glückstag! Die Sterne lügen nie, nie, nie!

Donnerstag: Es könnte sein,
dass Sie nach vorne preschen,
aber damit würden Sie andere
vor den Kopf stoßen.

Wieso? Es war doch alles abgesprochen, wer welches Lied singt. Okay, ich mache die Eröffnung, aber den Job hat mir der Regisseur gegeben. Doch wenn ich es recht bedenke … Hat meine Kollegin nicht ein wenig säuerlich gekuckt? Immerhin, sie sahnt den Schlussapplaus ab. Hm. Vielleicht sollte ich zurückziehen. Ich könnte jetzt den Regisseur anrufen und sagen, dass ich die Eröffnung nicht machen will. Ja, das tue ich. Guter Plan. Danke, liebe Sterne, dass ihr mich vor einem Reinfall bewahrt habt.

Freitag: Sie treffen jemanden, der Ihnen früher
viel bedeutet hat. Womöglich lohnt es sich,
jetzt noch mal die Zeit zurückzudrehen.

Jemanden! Jemanden! Ein Er oder eine Sie? Ich laufe stundenlang durch die Stadt in der Gewissheit, dem- oder derjenigen, die gemeint sein könnte, zu begegnen. Wer mir wohl was bedeutet hat. Darüber vergesse ich ein paar andere Sachen, aber die sind heute nicht so wichtig, obwohl es schon blöd war, dass ich Petra versetzt und Max entgegen meiner Ankündigung nicht angerufen habe. Endlich am Abend ruft mich eine ehemalige Freundin an, von der ich länger nichts gehört habe. Eigentlich war sie mir noch nie besonders wichtig, aber das war wahrscheinlich ein Fehler. Ich merke erst jetzt, wie viel sie mir eigentlich schon immer bedeutet hat, und höre mich spontan fragen, ob sie Lust hat, mit mir übers Wochenende in ein Wellnesshotel zu fahren. Wir haben schließlich viel nachzuholen, und klar lade ich sie ein.

Beichte: Ich las nicht nur ein Horoskop, sondern mehrere, ich bilde mir meine Meinung gewissenhaft, das ist bis heute so geblieben, auch wenn ich nun nicht mehr auf die Sterne setze. Nur noch ein bisschen Sternenstaub hin und wieder, aber selbst zubereitet. Wie das geht, erfährst du am Ende des Kapitels.

Freitag: Ihre Großzügigkeit ist ein schöner Charakterzug,
doch Sie sollten darauf achten, wem gegenüber
Sie sich als großzügig erweisen.

Hätte ich sie nicht einladen sollen? Eigentlich standen wir uns nie besonders nah. Wieso ruft sie eigentlich gerade jetzt an?

Freitag: Eine vermeintliche Freundin
meint es nicht so gut mit Ihnen, wie sie vorgibt.

Na also! Warum habe ich nicht dieses Horoskop als erstes gelesen, da steht es doch schwarz auf weiß! Aber es ist jetzt gleich Mitternacht, und ich weiß nicht, ob das Horoskop so lange gültig ist, ab wann gilt das von morgen? Hat das was damit zu tun, wann der Mond aufgeht?

Samstag: Jetzt ist der Knoten geplatzt.
All die Arbeit hat sich gelohnt.

Ganz klarer Wink des Schicksals: Ich darf mich nicht nur auf ein Horoskop verlassen, ich muss viele lesen, um mir einen objektiven Eindruck von den subjektiven Wahrscheinlichkeiten zu verschaffen. Am besten, ich setze auf mehrere Pferde. Kaffeesatz sowieso, und ich sollte mir Tarotkarten besorgen. Eine wunderbare Ergänzung zu den Sternen! Wenn ich das draufhabe, kann ich mich ja noch mit Numerologie beschäftigen. Vierfach genäht – das ist mein FIXA! Wie erfolgreich man damit sein kann, weiß ich ja.

… oder besser fünffach, sechsfach, siebenfach, dutzendfach?

Ab sofort zog ich jeden Tag eine Tarotkarte. Lüge: Mehrere. Manchmal alle. Ganz einfach so lange, bis ich die passende Wettervorhersage für diesen Tag hatte.

Bei den Wochen-, Monats- und vor allem Jahresvorausschauen war das schwieriger. Im großen Jahreshoroskop der *Vogue* entschied sich mein Schicksal. Meine Schwester und ich lasen es uns gegenseitig vor. Ich übertreibe nicht, wenn ich gestehe, dass mir manchmal im Dezember schon das ganze nächste Jahr verdorben war.

Sonntag: Nehmen Sie nicht alles,
was man Ihnen sagt, für bare Münze.
Jemand hat es nicht so gemeint.

Wer hat jetzt was nicht wie gemeint? Seit Stunden grüble ich. Das Problem ist, dass ich in der letzten Woche vielen Leuten begegnet bin, weil ich gedreht habe. Es macht mich ganz verrückt, dass ich nicht draufkomme, wer was nicht so gemeint haben könnte. War es die Maskenbildnerin, als sie meinte, dass sie eine sehr deckende Grundierung für meine Haut bräuchte? Wollte sie womöglich nicht meine Pigmentflecken abdecken, sondern mir einen höheren UV-Schutz für den Außendreh auftragen? Hat mir der Autofahrer, der mir die Vorfahrt genommen hat, gar keinen Vogel gezeigt? War das ein Kompliment für meine tolle Frisur? Oder war es jemand Nahestehendes, den ich heute falsch verstanden habe? Bloß wer? Vielleicht sollte ich mal ein paar andere Horoskope zurate ziehen, es ist ja schon Mittag, und ich bin noch immer am Überlegen …

… Gott sei Dank finde ich einen leichter zu verwirklichenden Marschbefehl: *Die harten Tage liegen hinter Ihnen. Jetzt können Sie ernten, was Sie gesät haben.*

Für mich dauerte es in der harten Wirklichkeit mehr als einen Tag, ehe ich mich von meiner Horoskopsucht befreit hatte. Dabei half mir die folgende Sternstunde.

Aszendent Praktikant

Bei einem Fest an der Isar lernte ich ein paar Studierende kennen, die damals noch Studenten hießen, obwohl auch viele Studentinnen dabei waren. Vielleicht sollte ich auch mal studieren, überlegte ich mir, an laue Sommerabende an der Isar könnte ich mich gewöhnen. Aber wie sollte ich das finanzieren? Die anderen erzählten, wie sie es bewerkstelligten; nicht jeder hatte wohlhabende Eltern, BAföG oder eine spendable Oma. Sie kellnerten, schleppten Möbel, tüteten Werbeprospekte ein und …

»Ich schreibe Horoskope.«

»Echt jetzt?« Entgeistert starrte ich den Milchbubi mit den bartlosen Wangen an, der mir von allen in der Runde am wenigsten sympathisch gewesen war, weil er Bügelfalte trug und als Einziger sein Fahrrad abgesperrt hatte, obwohl es in Sichtweite stand.

»Ja. Schon seit einem Jahr. Ist ein cooler Job.«

»Bist du Astrologe?«, fragte ich respektvoll. Dass ich mal so einen kennenlernen würde! Und dann war er noch so unsympathisch! Das war schon ein Schlag. Denn mussten Astrologen nicht vom Himmel aus ganz wundervolle Menschen sein, da sie sich mit solch herrlichen Dingen wie dem Schicksal beschäftigten?

»Nö.« Er lachte. »Das kann doch jeder. Horoskope lesen sowieso bloß alte Omas, und da schreibst du halt irgendwas rein.«

Mein Herz klopfte bis zum Hals. »Wie, irgendwas?«

»Ich schreibe meistens bei anderen ab. Wichtig ist halt«, er plusterte sich auf, »dass du dich nicht wiederholst. Du musst schon einen Überblick haben und eine gewisse Ordnung reinkriegen in dein System. Also, wenn du heute schreibst, dass Fische einen Höhenflug haben, kannst du morgen nichts vom Ende der Welt faseln. Die Dramaturgie muss stimmen. Aber sonst …« Er zuckte mit den Schultern: »Es ist kinderleicht.«

»Du meinst also«, sagte ich gefährlich ruhig, »dass du dir das alles ausdenkst?«

»Ja, klar. Wie gesagt, das Ganze ist doch sowieso Schwachsinn.«

»Und es gibt keine echten Astrologen?«

»Doch, bestimmt. Also, wenn du Leute meinst, die vorgeben, Sterne hätten eine andere Bedeutung, als uns in lauen Sommernächten wie dieser zu erfreuen.« Er schaute schmachtend zum Himmel und machte eine Pause, um mir Gelegenheit zu geben, seine eloquente Ausdrucksweise zu bewundern. Da ich ihm nicht applaudierte, fuhr er ein wenig gekränkt näselnd fort: »Früher hatten die wohl mal so 'ne Esoterikerin in der Redaktion, die nannten sie Horrorskoptante, aber die war ihnen dann zu teuer, und letztlich, wie gesagt, kannst du dein Geld auch für andere Sachen aus dem Fenster werfen … Hey … ist irgendwas? Du schaust so komisch? Ist alles okay bei dir? Ist dir kalt?«

Ich zitterte am ganzen Körper. Aber nicht vor Kälte, sondern vor Zorn. Warum hatte mich mein Horoskop nicht gewarnt?

Nehmen Sie sich heute in Acht
vor einer Begegnung mit einem Menschen,
der Ihnen nicht gut gesinnt ist.

Von diesem Schock erholte ich mich tagelang nicht. Doch als ich es verkraftet hatte, war klar, dass ich in Zukunft auf mich selbst anstatt auf die Sterne, die Karten und weiß der Kuckuck was hören würde. Ab sofort würde ich mir meine Marschbefehle selbst ausstellen. So mache ich es bis heute, denn es ist nun mal so: Ich liebe Horoskope. Aber nur noch solche, die mir guttun, deswegen schreibe ich sie mir selber. Denn ich habe viele Missverständnisse aufgedeckt und bin nun endlich und wirklich gut zu mir.

Abends vor dem Schlafengehen sammle ich glitzernden Sternenstaub ein, der sich über Nacht zu einem Gutenmorgengruß verdichtet. So lese ich beim Aufstehen mein total individuelles Horoskop auf dem Küchentisch, das nur mir gehört, das niemand anders lesen kann, das niemals in einer Zeitschrift erscheinen wird. Da steht dann, immer unter der Überschrift »Widder, dritte Dekade«, was dieser Tag in seiner besten Version alles für mich bereithält: Freude und schöne Begegnungen, intensive Momente und gutes Gelingen, was ich eben gerade so brauchen kann. Und es steht auch dort, was ich an diesem Tag lernen möchte und welche Fähigkeiten ich besonders gut brauchen kann. Zum Beispiel Geduld oder Zuversicht oder Liebe für einen bestimmten Menschen.

Okay, ich lass dich mal spicken. Aber es bleibt unter uns? Mein Horoskop heute für mich beginnt so: »Heute beendest du ein Kapitel in deinem Leben, an dem du die letzten Monate mit viel Liebe und Leidenschaft gearbeitet hast. Dein Buch! Du darfst stolz auf dich sein, Miss Verständnis!«

Und jetzt, wo wir uns bald schon voneinander verabschieden werden, außer du liest gleich wieder von vorne, möchte ich dir das folgende Horoskop gern ans Herz legen. Darf ich eins für dich schreiben?

Danke.

Mein Horoskop für dich:

Heute ist ein wundervoller Tag. Auch wenn einige Herausforderungen auf dich warten, wirst du alle mit Bravour meistern und viel Spaß haben. Du kannst das, du machst das, es wird ganz toll heute!!!
Oder, wenn nichts Besonderes ansteht: Heute machst du es dir mal richtig gemütlich. Heute ist ein Für-dich-Tag. Genieße es, mal freizuhaben, und tue nur schöne Dinge!
Oder: Heute ist der beste Tag, um ein wenig an deiner Fitness zu arbeiten. Geh raus, beweg dich, tanze, was auch immer. Bring dein Herz zum Schlagen und spür, wie schön es ist, am Leben zu sein.

Widder

Du willst nicht mehr mit dem Kopf durch die Wand. Du überlegst jetzt vorher, was du tust.
Du hast in dich selbst investiert, und das hat sich gelohnt. Jetzt erntest du deine wohlverdienten Lorbeeren.
Sei stolz auf deine Leistung!

Stier

Du hast endlich aufgehört, dich an anderen zu stoßen und dich mit ihnen zu messen. Du hast begriffen, was für ein toller Mensch du bist. Spürst du schon deine neue Leichtigkeit? So fühlt es sich an, wenn man man selber ist. Freu dich über dich selbst!

Zwillinge

Klopf dir bitte mal auf die Schultern. Das hast du so gut gemacht. Du hast gelernt, dass Körper und Seele eins sind. Dieses tolle Gefühl wird dir bleiben. Beide zusammen machen dich stark. Gemeinsam werdet ihr die Welt erobern!

Krebs

Du hast die Fesseln mit deinen scharfen Scheren durchgeschnitten. Endlich purzelt der ganze Ballast, den du ständig mit dir rumgetragen hast, von dir. Genieße ab jetzt deine Freiheit!

Löwe

Gut gebrüllt, Löwe. Du hast alles rausgelassen. Es war Zeit für dich, mal reinen Tisch zu machen. Es tut nicht weh, oder? Im Gegenteil, jetzt weißt du, wie schön es ist, innere Ruhe zu haben.

Jungfrau

Du hast deine jugendliche Unbeschwertheit zurück. Du bist bei dir angekommen. Du kannst dich auf dich verlassen. Dein Bauchgefühl hat dich nicht enttäuscht.
Wie schön, dass du deine innere Stimme wiedergefunden hast!

Waage

Herzlichen Glückwunsch, gratuliere dir selbst. Gegen die Selbstzweifel hast du Mut und Selbstvertrauen in die Waag-

schale geworfen. Du hast es jetzt geschafft, dein Leben in Einklang mit dir selbst zu bringen!

Skorpion

Du hast gedacht, du würdest keinen Stich machen, doch heute hast du gelernt, dass du alles erreichen kannst, wenn du es nur willst. Und du willst es! Und du kannst es! Du hast gewonnen!

Schütze

Du hast dein Ziel kurz aus den Augen verloren. Aber jetzt hast du alle Hindernisse aus dem Weg geräumt und den Blick für das Wesentliche frei gemacht. Denn DEIN Weg ist das Ziel!

Steinbock

Du bist am Gipfel angekommen! Freu dich, von da oben kannst du noch viele andere Gipfel sehen, die es zu besteigen gilt. Und das wird dir ganz locker gelingen, du brauchst keine Angst mehr zu haben, denn den schwersten Aufstieg hast du schon geschafft!

Wassermann

Schön, dass du die Schleusen endlich geöffnet hast, denn ab sofort kannst du ins Glück schwimmen. Jetzt kannst du dein neues Ich feiern!

Fische

Du bist nicht mehr gefangen, sondern bei dir angekommen. Das ist gut so, du hast alle Zweifel über Bord geworfen. Genieße deine Freiheit!

Das dicke Ende

Am Anfang dieses Buches habe ich dir erzählt, wie gern ich Menschen umarme. Ich habe das bei meinen Auftritten immer als Erstes gemacht. Von der Bühne runter ins Publikum gesprungen und feste gedrückt.

Das war nun lange nicht möglich. Und das war schlimm für mich. Aber dann habe ich gemerkt, dass ich auch ohne Körperkontakt ganz feste umarmen kann. Und zwar in meinen Gedanken. Ich habe aufgehört, abwertend über andere zu denken. Stattdessen fällt mir zu jedem Menschen etwas Schönes ein.

Früher sah ich vielleicht eine Frau, die hatte kräftige Beine und trug einen Minirock, und ich dachte: Mit solchen Beinen würde ich bla, bla, bla, bla. Ich sah eine erfolgreiche Frau und dachte: Wenn ich so 'nen reichen Mann hätte bla, bla, bla.

Ich glaube nicht, dass ich besonders oft solches Zeug dachte, denn von meiner Natur her bin ich eher gutmütig und gönne anderen Gutes. Aber manchmal ist es mir eben doch passiert, und danach waren meine Beine nicht dünner und mein Erfolg war nicht größer. Im Gegenteil. Indem ich einen anderen Menschen kleiner machte, abwertete, verzwergte ich mich selbst.

Ich bin ein ganz normaler Mensch mit Sonnen- und Schattenseiten. Aber auf der großen Schattenseite Corona habe ich angefangen, selber Licht anzuknipsen, nämlich in meinem Kopf mit meinen guten Gedanken. Ich habe gemerkt, dass jeder Mensch ein Mensch ist wie ich. Dass ich ein

Mensch wie alle anderen bin. Ich weiß, das klingt jetzt komisch, aber mal ehrlich: Eigentlich wünschen wir uns doch alle dasselbe. Wir wollen gesund sein und glücklich und je nach Alter viel Sex haben und dass es unseren Liebsten gut geht, auch denen mit Fell, und dass Frieden herrscht auf der Welt und wir genug leckere Sachen zu essen haben. Insofern sind wir uns ähnlicher, als wir glauben, wenn wir uns manchmal nicht so gut leiden können.

Ich habe festgestellt, dass es einfacher und leichter und schöner und bestimmt auch gesünder ist, wenn ich mich auf unsere Gemeinsamkeiten besinne. So habe ich damit angefangen, ausschließlich wertschätzend und wohlwollend über andere zu denken und ihnen Gutes zu wünschen.

So wie man in den Wald hineinruft, schallt es heraus. Ich umarmte die Welt, und sie umarmte mich. Es ist viel einfacher, als ich zuerst dachte, und es verändert wirklich alles.

Und das möchte ich dir ganz zum Schluss noch mit auf den Weg geben. Probier es auch mal aus, und vielleicht trifft man sich mal, und du erzählst mir, wie es bei dir gelaufen ist.

Ich bin gespannt!

Und du jetzt bestimmt auch!

Schon wieder eine Gemeinsamkeit … Mit einem Wort: Happy End!

Dank

Danke sag ich …

An meinen Mann, meinen Fels in der Brandung, selbst im schwersten Sturm bist du mein Heimathafen.

An meine Mama, die meine beste Kritikerin ist und ohne die ich dieses Buch nie hätte schreiben können. Das liegt auch an den 2,7 Kilo Elly-Seidl-Pralinen, die wir beide bis zur Fertigstellung verputzt haben.

An meinen Papa, der vor Kurzem gegangen ist. Der so stolz auf mich war. Danke, Papa, für deinen Leitspruch in meinem Leben: »Lass dich nicht unterkriegen, mein Herzeblümchen.«

Ich trage dich in meinem Herzen.

An meine Schwestern, die immer eine Schere parat hatten.

An Alex. Für alles.

An meine liebsten Mädels. Es gibt niemanden, der mich besser kennt als ihr. Und das ist auch gut so! Danke für eure Treue! Das ist Liebe!

Danke an Shirley Michaela Seul für deinen grandiosen Input. Und eine wunderbare Freundschaft.

An Katja, ohne die ich Shirley nie kennengelernt hätte. Wir sehen uns alle irgendwann wieder.

An Josefine Deml, meine Agentin. Die nicht nur seit acht Jahren hinter mir steht, sondern auch noch alles mitmacht. Und inzwischen ein ganz tolles Coaching anbietet.

Gerade zum Thema Geld.

An Miss Moneypenny für die 70 Stunden Podcast, in denen auch ich's kapiert habe.

Danke an Volker Keidel, der mir nicht nur in unserem Podcast die lustigsten Stunden beschert, sondern in allem immer etwas Positives findet. Und seine Liebe zum HSV hat mich echt beeindruckt. Du inspirierst mich!

An meinen Mops Bruno Opel. Der mir jeden Tag zeigt, was bedingungslose Liebe ist.

An Heiko Palach, Make-up and Hair. Danke, dass du dir immer und immer wieder alles anhörst.

An meine lieben Kollegen, die mich immer bestärken.

Danke an die Stadtwerke München, dass ich immer heißes Wasser habe, denn ohne meine hundertundfünf Entspannungsbäder hätte ich dieses Buch nicht geschafft.

An den Verlag Droemer Knaur, dass ihr mich herausgefordert habt.

An die Kaffeerösterei Erdmanns für die fünfzehn Pakete Espresso, ohne die ich dieses Buch nie geschafft hätte. Durch euch war ich hellwach.

An Jacques' Wein-Depot für das gute Glas Wein nach einem langen Tag des Schreibens.

So, und jetzt FIXA & fertig.

Mimi Fiedler

Sie dürfen den Frosch jetzt küssen

Traumhochzeit mit Hindernissen

Es ist nie zu spät, den Mann fürs Leben zu finden! Daran hat die beliebte Schauspielerin Mimi Fiedler nie gezweifelt. Denn auch wenn man sich ab einem gewissen Alter als Singlefrau schon mal ein bisschen wie beschädigte Ware vorkommt, eines darf einem nie abhandenkommen: die Hoffnung – und der Humor.

Mimi Fiedler erzählt in ihrem Buch unterhaltsam und mit einem Augenzwinkern von ihrem ganz persönlichen Weg zu Mr Big, und zeigt dabei: Die Pannen und seltsamen Anträge, ja selbst die abenteuerliche erste Hochzeit mit geplatztem Brautkleid – all das hat sich am Ende gelohnt.

Denn manchmal muss man sich verfahren, um am richtigen Ort anzukommen …

Ein Buch wie die beste Freundin –
mit genau der richtigen Mischung aus lustigen Erlebnissen
und charmanten Weisheiten.